● 教育部人文社会科学青年基金项目：基于混频数据高阶矩波动模型的下行风险预测研究（项目批准号：20YJC790160）

基于混频数据的金融高阶矩建模及其应用研究

Financial Higher-Order Moment Modeling and Its Application Research Based on Mixed-Frequency Data

杨 冬 ◉ 著

西南财经大学出版社
Southwestern University of Finance & Economics Press
中国·成都

图书在版编目(CIP)数据

基于混频数据的金融高阶矩建模及其应用研究/杨冬著.—成都:西南财经大学出版社,2023.10
ISBN 978-7-5504-5173-5

Ⅰ.①基… Ⅱ.①杨… Ⅲ.①金融—数据模型—研究 Ⅳ.①F830.41

中国国家版本馆 CIP 数据核字(2023)第 192109 号

基于混频数据的金融高阶矩建模及其应用研究
JIYU HUNPIN SHUJU DE JINRONG GAO JIEJU JIANMO JI QI YINGYONG YANJIU
杨冬 著

策划编辑	王艳
责任编辑	林伶
责任校对	李琼
封面设计	何东琳设计工作室
责任印制	朱曼丽
出版发行	西南财经大学出版社(四川省成都市光华村街55号)
网址	http://cbs.swufe.edu.cn
电子邮件	bookcj@swufe.edu.cn
邮政编码	610074
电话	028-87353785
照排	四川胜翔数码印务设计有限公司
印刷	四川五洲彩印有限责任公司
成品尺寸	170mm×240mm
印张	12.5
字数	178 千字
版次	2023 年 10 月第 1 版
印次	2023 年 10 月第 1 次印刷
书号	ISBN 978-7-5504-5173-5
定价	76.00 元

1. 版权所有,翻印必究。
2. 如有印刷、装订等差错,可向本社营销部调换。

前　言

在百年未有之大变局中，中国经受了世界变局加快演变、新冠疫情冲击、国内经济下行等多重考验。在目前全球经济增长乏力、国际贸易不振、大宗商品市场价格低迷等不利环境中，准确刻画金融资产收益率的非对称性、尖峰和厚尾等高阶矩特征，对于监管部门与机构投资者构建稳健的投资组合无疑具有极其重要的理论及现实意义。然而，经典的金融投资组合理论和实证研究主要沿用 Markowitz（1952）提出的"均值-方差"分析方法，在投资者偏好为非二次和（或）资产收益率非正态条件下，基于"均值-方差"模型构建的投资组合权重往往不是最优，因而会存在较为严重的福利损失。因此，投资者在进行投资组合优化时有必要考虑资产收益率中高阶矩带来的影响，否则在投资组合优化过程中会产生次优决策。

大体来看，已有关于高阶矩方面的研究或者采用直接法将投资组合收益率各阶矩构成的函数作为目标函数直接进行优化，从而形成"均值-方差-偏度"或"均值-方差-偏度-峰度"投资组合优化问题；或者采用间接法通过对期望效用进行高阶泰勒级数展开，通过最大化期望效用函数来进行间接近似求解。上述方法中无论采用直接法还是间接法，均不可避免地需要估计各阶矩矩阵，而在资产个数较多时，协偏度和协峰度计算中组合多样性的存在使得"维数灾难"成为高阶矩投资组合优化时面临的主要难题之一。

为了解决高阶矩估计中严重的抽样误差问题，一种较为直接的方法是增加可观测样本，但考虑到中国金融市场起步较晚，可供使用的低频观测数据不足，因而在实际应用中存在现实上的困难。另一种方法是通过假定收益率服从某一特定的数据生成过程从而对各阶矩矩阵施加结构化约束，如因子模型等方法。该方法以增加模型设定错误风险为代价大大减少了待估参数的个数，显著降低了各阶矩矩阵中元素的抽样误差，从而在高维矩阵估计中被当作主要手段。进一步地，在估计各阶矩时因子模型的选择和设定上，多数学者往往采用单因子模型或利用主成分分析方法得到的统计因子构建因子模型。这两种方法或者没有对特定条件下资产收益率的真实数据生成过程的合理性进行理论上的研究；或者基于协方差矩阵分解方法忽略了更高阶矩矩阵中所隐含的信息，从而无法对各阶矩矩阵做出更加准确的估计。本书在结合前人已有研究的基础上，基于混频因子模型方法，通过更高频率数据的使用使得模型中包含更多的历史信息以及增加因子个数以提高对收益率的解释能力两种途径，力图解决高阶矩估计面临的"维数灾难"问题，同时进一步提高高阶矩投资组合的表现。

本书共分六章。第1章绪论部分对本书的研究背景和研究问题做出说明。第2章对已有研究进行了较为系统的回顾和梳理。第3章介绍了基于混频因子模型的高阶矩建模及其估计方法。第4章进一步探讨了基于混频因子模型高阶矩建模方法的最优因子个数识别问题。第5章对引入高阶矩特征的投资组合策略做了进一步研究。第6章给出了本书的主要结论以及展望。

本书的出版得到了教育部人文社会科学青年基金项目"基于混频数据高阶矩波动模型的下行风险预测研究"（项目编号：20YJC790160）的支持，在此表示衷心感谢！此外，本书部分章节曾被《数量经济技术经济研究》、《数量经济研究》、Emerging Markets Finance and Trade 和 Statistics 等学术刊物发表，感谢这些期刊给予的发表机会以及审稿专家的意见。

杨冬

2023年夏于成都

目 录

1 绪论 / 1
  1.1 选题背景与问题提出 / 1
  1.2 研究目的和研究意义 / 5
  1.3 研究内容与结构安排 / 7
  1.4 主要创新点 / 9

2 国内外研究现状 / 12
  2.1 混频模型建模研究现状 / 13
  2.2 因子模型建模研究现状 / 18
  2.3 最优因子个数识别研究现状 / 24
  2.4 高阶矩及其投资组合研究现状 / 27

3 基于混频因子模型的高阶矩建模及其估计方法 / 35
  3.1 高阶矩的张量表达方法 / 36
  3.2 混频多因子高阶矩模型 / 41
  3.3 混频多因子模型高阶矩投资组合优化 / 52

    3.4   其他高阶矩估计方法简介 / 55

    3.5   本章小结 / 60

4   基于混频因子模型的高阶矩最优因子个数识别研究 / 62

    4.1   高阶矩矩阵稀疏性检验 / 63

    4.2   混频因子模型高阶矩因子个数识别检验 / 72

    4.3   混频因子模型最优因子个数筛选策略 / 74

    4.4   数据处理与说明 / 75

    4.5   蒙特卡洛模拟研究 / 76

    4.6   不同高阶矩最优因子个数识别方法的模拟比较 / 122

    4.7   本章小结 / 128

5   中国股票市场的混频多因子模型高阶矩投资组合研究 / 130

    5.1   研究背景 / 130

    5.2   基于统计意义的混频多因子高阶矩建模的实证研究 / 132

    5.3   混频多因子高阶矩建模的经济价值评价 / 149

    5.4   本章小结 / 165

6   结论与研究展望 / 168

    6.1   主要结论 / 168

    6.2   研究展望 / 172

参考文献 / 174

附录   因子模型框架下高阶矩矩阵分解 / 195

1 绪论

1.1 选题背景与问题提出

1.1.1 选题背景

资产收益率分布具有尖峰厚尾、非对称等高阶矩特征，以及投资者效用函数的非二次性，已经被大量研究证实。这导致了马克维茨的均值-方差分析和期望效用原则具有一致性的充分条件不再成立（Markowitz，1952；Liu，2004；Hong，Tu 和 Zhou，2007；Markowitz，2014）。在一个对效用函数形状相对较弱的假设条件下，Scott 和 Horvath（1980）以及 Kimball（1993）发现除了均值和方差外，投资者对单个资产或投资组合的高阶矩同样存在显著的偏好。Ang 等（2006）以及 Harvey 和 Sidddique（2000）基于上述问题通过实证研究发现，在不存在估计误差的条件下，大部分投资者愿意放弃均值-方差投资组合，以低收益、高风险为代价来获得偏度为正、峰度较低的投资组合方式。为了突破均值-方差投资组合模型的局限性，基于高阶矩的投资组合研究逐渐得到了学者们的关注（Kendall 和 Hill，1953；Mandelbrot，1963a 和 1963b；Samuelson，1970；Liu，Wang 和 Qiu，2010；Cvitanic，Polimenis 和 Zapatero，2008；Boudt，Lu

和 Peeters，2015；Lu，Yang 和 Boudt，2019）。

如何将高阶矩与投资组合关联起来，主流文献中通常采用如下两种方式：一种是在均值-方差模型框架下直接加入高阶矩（偏度和峰度），从而形成均值-方差-偏度或均值-方差-偏度-峰度投资组合模型（Lai，1991；Sun 和 Yan，2003；Briec，Kerstens 和 Woestyne，2013）；另一种是以投资者期望效用函数最大化为目标，通过泰勒级数展开将投资组合问题近似转化为基于高阶矩的投资组合优化来进行间接求解（Harvey 和 Siddique，2000a；蒋翠侠、许启发、张世英，2007，2009）。

以上两种研究方法各有利弊，但不可避免地均需要估计协方差矩阵、协偏度矩阵以及协峰度矩阵。随着资产个数的增加，估计协偏度矩阵和协峰度矩阵中的维数会以指数形式快速增加进而涉及高维问题，这一问题在估计协方差矩阵时同样存在。同时大量研究已经表明，使用历史收益率数据估计的样本协方差矩阵存在较大的估计误差，从而无法良好地分散风险以达到最优的投资组合效果（Michaud，1998）。因此，大量参数需要估计，使得"维数灾难"成为研究此类问题亟待解决的难题。例如，在包含20个资产的投资组合中，协方差矩阵、协偏度矩阵以及协峰度矩阵需要估计的参数分别达到了210、1 540 和 8 855 个。为了保证样本观测数量超过待估参数的个数，我们至少需要45年的月度数据[①]。考虑中国金融市场起步较晚，没有足够的低频时间序列数据可供使用，因此将"均值-方差"分析的传统方法直接推广到高阶矩中存在着现实意义上的困难（Brandt，Santa-Clara 和 Valkanov，2009）。

1.1.2 问题提出

目前，国内外已有部分学者对高阶矩建模及其投资组合理论和应用进

---

① 由前文可知，在包含仅仅20个资产的投资组合中待估参数的总个数为10 605，使用45年的月度数据观测样本为10 800，刚好超过待估参数的总个数。

行了研究。尽管部分研究在某些方面已经较为深入，但仍存在以下几点不足之处，具体来看：

（1）在因子模型最优因子个数识别方面，几乎所有研究均是基于均值-方差理论展开的，而基于高阶矩最优因子个数识别的理论和识别方法尚未被进行深入的研究。目前来看，尽管已有大量文献在投资组合框架下研究了如何减少协方差矩阵中元素的估计误差，但基于高阶矩投资组合方面如何提高高阶矩估计质量的研究并不多见。在高阶矩方面，之前大部分研究聚焦于如何利用高阶矩信息进行资产定价（Kraus 和 Litzenberger，1976；Harvery 和 Siddique，2000），且大量学者通过实证研究发现风险溢价的存在同样与投资组合收益率分布的高阶矩有关（Dittmar，2002；Ang，Chen 和 Xing，2006）。但很少有研究关注如何提高高阶矩矩阵的估计质量。相比之下，Martellini 和 Ziemann（2010）较早地拓展了多种在协方差矩阵估计中被证明有用的统计技术并应用到高阶矩条件中。比较直观的解决"维数灾难"的方式是对各阶矩矩阵中元素施加某种约束，使其结构化以降低参数空间的维度。其中，单因子模型（Sharpe，1963）或多因子模型（Chan，Karceski 和 Lakonishok，1999；Fama 和 French，1993，2015）可以作为一个有意义的拓展手段解决"维数灾难"问题。这两种方法均以增加模型设定误差为代价来减少估计误差。目前，根据因子选择方法的不同，主流文献中存在三种类型的多因子模型：宏观经济因子模型、基本面因子模型和统计因子模型（Zivot，2011；Goyal，2012）。对于该三种因子模型的优劣，Connor（1995）较早地采用美国证券市场数据基于解释能力对该三种方法进行了比较，研究发现统计因子模型和基本面因子模型显著优于宏观经济因子模型，同时基本面因子模型略优于统计因子模型。Chan，Karceski 和 Lakonishok（1999）基于样本外预测角度认为 Fama 和 French（1993）三因子模型在选择最小方差投资组合时已经足够，更多的因子无益于提高预测精度。Martellini 和 Ziemann（2010）较早地将因子模型拓展到了高阶矩的估计，但在因子个数选择方面并没有过多讨论，而仅仅是采用了 Sharpe（1963）的单因子模型，对于一些简单的投资组合问题，如在同一市场中的组合或资产个数较低时，用单因子模型来描述资产收益率有可能是可以接受的，但面对不同市场的组合或高维投资组合时，仅仅使用单一因子估计就可能会导致较大的偏差。在对多因子模型高阶矩估计方面，仅有 Boudt、Lu 和 Peeters（2015）基于多因子模型讨论了协偏度和协峰度的估计，不仅在一定程度上缓解了"维数灾难"的问题，同时也证明了样本外预测的优良性质。Boudt、Cornilly 和 Verdonck（2016）对 Martellini 和 Ziemann（2010）的研究做了进一步推广，获得了多因子模型下协偏度矩阵的最优压缩估计量，并发现其在均方误差下具有令人满意的效果。

采用因子模型方法估计协方差矩阵已经被广泛使用，然而采用同样方法估计三阶矩和四阶矩等高阶矩矩阵直到近些年才引起部分学者的重视（Harvey 和 Siddique，2000a 和 2000b；Christie-David 和 Chaudhry，2001；Martellini 和 Ziemann，2010），这在一定程度上得益于投资者对极值风险的关注、对冲基金等非正态资产的使用、决策理论的提出以及统计方法和计量经济学模型的发展。传统的非限制性估计方法虽然可以保证参数估计的无偏性，但面对高阶矩时无法解决"维数灾难"这一问题。而通过因子模型对高阶矩矩阵施加结构化约束虽然可以大大减少待估参数的个数，但也增加了模型设定错误的可能性，因此在对矩阵施加结构化约束的过程中，因子个数选取的合理性这一问题也不可避免地需要考虑。综合以上原因，有必要提出一套完整的统计方法用以检验使用因子模型估计高阶矩矩阵时的最优因子个数。

（2）为了降低高阶矩中元素的估计误差在投资组合优化中带来的影响，受到研究方法以及数据频率的限制，目前大部分研究采用同频数据，而忽略了非同频因素的影响。Fan、Li 和 Yu（2012），马丹和刘丽萍

（2012）和Hautsch，Kyj和Malec（2013）等基于高频数据获得协方差矩阵研究均值-方差投资组合问题时，发现相对于低频数据的投资组合，使用高频数据投资组合风险更小，经济价值更高。但考虑到我国金融市场中资产收益率历史数据往往较少，而可供使用的因子历史数据往往较多，因此可充分利用频率较高的因子数据构建具有较高R^2的混频模型，从而进一步降低各阶矩矩阵中元素的估计误差。可以将基于混合频率多因子模型的高阶矩投资组合建模作为一种十分具有研究价值的手段以解决"维数灾难"问题。在关于混合频率回归模型的相关文献中，Ghysels等（2004，2007）提出了一种可行性较强的混频数据抽样（MIDAS）模型方法，Clements和Galvao（2008，2009）研究了混合频率回归模型的预测表现。Bai等（2013）通过使用混频动态因子模型研究了混频模型和卡尔曼滤波的关系，并且发现对于平稳序列，两种方法可以获得同等的预测效果。Fuleky和Bonham（2013）已经证明了混合频率因子模型在预测方面的优良性质，但基于混频高阶矩建模的研究鲜有。

综上所述，尽管国内外已有众多学者对高阶矩建模及其投资组合理论进行了较为广泛的研究，但在基于因子模型高阶矩建模最优因子个数识别以及混频高阶矩投资组合理论与建模这一研究方向上，仍然存在诸多问题有待解决。

1.2 研究目的和研究意义

1.2.1 研究目的

本书的主要研究目的在于完善和丰富高阶矩建模及其投资组合理论，在基于前人已有研究的基础上，结合我国金融市场频率较高的因子数据采用MIDAS模型突破当前研究面临的瓶颈，使得高阶矩建模以及投资组合理论在我国的研究更加深入和完善。具体来看，本书以文献研究为基础，通过规范研究和实证研究相结合等多种方法，在基于因子模型高阶矩建模最优因子个数识别方面，尝试提出一套可行的包含高阶矩信息最优因子个数识别的研究理论和方法，以求模型在设定误差和估计误差之间获得最优。在混频多因子模型高阶矩投资组合建模方面，通过高频和低频数据的共同使用，在不损失数据原有信息的条件下进一步增加对收益率的解释能力，提高高阶矩投资组合的表现，从而对高阶矩投资组合理论加以完善和补充。

1.2.2 研究意义

本书基于混频多因子模型力图突破高阶矩投资组合现有研究所面临的瓶颈，给出有效避免"维数灾难"的高阶矩估计方法，对于提高高阶矩估计的精确程度及其投资组合表现具有重要的理论意义和现实意义。具体看来，本书的理论意义主要体现在如下两个方面：

（1）本书运用中国金融市场的实际数据，并以基于基本面构建的因子数据为例，在假定数据服从某一特定生成过程的条件下，利用基于残差构建的高阶矩矩阵稀疏性特征提出了高阶矩最优因子个数识别检验方法，方便寻找不同时期以及不同资产组合下基于因子模型估计高阶矩的最优因子个数，解决了传统方法在因子模型高阶矩建模时最优因子个数选择上主观、随意的难题，拓展了传统的仅考虑二阶矩（方差-协方差矩阵）的最优因子个数选择方法。

（2）考虑到中国金融市场起步较晚，资产价格除受自身市场的影响外，也受其他因素影响。而不同影响因素可观测数据频率往往并不一致，为了避免信息的损失或人为信息的虚增，进一步提高对收益率的解释能力，本书充分利用了不同频率数据中包含的高阶矩信息，利用MIDAS模型构建和选择适合我国具体投资市场的混频多因子高阶矩投资组合数量模型，并给出此时对应的高阶矩矩阵参数估计、模型检验以及投资组合优化求解等方法。

本书的现实意义主要体现在如下两个方面：

（1）利用中国资本市场数据，基于混频多因子模型方法建立了混频多因子模型的高阶矩投资组合策略，与传统的基于均值-方差模型构建的投资组合优化方法相比，本书提出的方法由于估计误差的进一步减少，从而提高了基于高阶矩的投资组合表现。最终构建了具有较强实际应用价值的、适合我国具体投资市场的高阶矩投资组合数量模型。

（2）基于混频多因子模型构建的高阶矩投资组合不仅可以提高投资组合收益表现，同时也可大大提高对下行风险的预测能力，这也为市场投资参与者和监督管理者识别市场风险提供了一种新的科学决策依据。

因此，基于混频多因子模型构建的高阶矩投资组合研究，无论是在进一步丰富投资组合理论和经验结果方面，还是在为市场投资参与者和监督管理者提供科学决策依据方面，均具有十分重要的理论意义和实践意义。

1.3 研究内容与结构安排

本书在借鉴国内外学者关于高阶矩估计及其投资组合建模已有研究的基础之上，结合中国金融市场的因子数据识别和筛选出最优的混频因子个数，进而构建混频高阶矩投资组合模型，力求突破高阶矩投资组合理论在实际应用中面临的瓶颈，以得出更加符合我国金融市场特征的高阶矩投资组合研究思路和方法。本书的研究内容主要包含以下两大部分：

第一部分，最优因子个数识别检验。通过对单因子模型高阶矩估计方法的拓展，获得高阶矩矩阵的混频多因子估计法并得到相应的高阶矩投资组合模型的数学表达方式。在模型设定恰当的条件下，基于扰动项构建的高阶矩矩阵具有明显稀疏性。基于这一特征得到了基于因子模型高阶矩检验的渐近分布，由此便可以得到在使用多因子模型估计高阶矩矩阵时如何识别和筛选最优因子个数的方法。

第二部分，混频数据多因子高阶矩建模及其投资组合研究。在对混频多因子模型高阶矩投资组合研究的基础上，充分利用频率较高的因子中包含的高阶矩信息构建混频因子模型，在假定资产收益率由混频因子模型生成的基础上，获得结构化的高阶矩矩阵估计结果，以此来缓解高阶矩估计过程中"维数灾难"问题。在投资组合研究问题中，利用中国股票市场A股上市公司数据，将本书提出的混频多因子高阶矩建模和其他现有高阶矩建模方法从统计意义和经济价值两个方面对投资组合表现进行了比较。

在结构安排方面，本书全篇共分六章，具体结构安排如下：

第1章为绪论。在介绍本书选题背景的基础上提出本书所要研究的问题，同时说明本书的研究目的和意义，并概括了本书的研究内容、研究方法以及主要创新点等。

第2章为国内外的研究现状。对高阶矩估计及其投资组合研究现状、混频模型建模研究现状、因子模型建模研究现状以及最优因子个数识别研究现状等方面的研究成果进行了较为详细的回顾和梳理，最后对现有研究成果进行评价，进一步明确高阶矩建模所需完善之处。

第3章对混频因子高阶矩模型的构建及其估计方法进行了较为详细的研究。该章节首先给出了高阶矩矩阵的张量表示方法，通过张量的使用可以方便地在矩阵框架下对高阶矩进行表示和运算。其次，介绍了两种混频数据抽样模型用于估计高阶矩矩阵，即无约束混频数据抽样模型（U-MIDAS）和有约束混频数据抽样模型（R-MIDAS），并对两种模型的估计方法做了较为详细的对比和说明。同时，探讨了R-MIDAS模型中约束形式的设定、约束适当性检验以及最优滞后阶数的选择方法。最后对本章进行小结。

第4章研究了混频多因子模型高阶矩建模时最优因子个数的检验方法。首先，在假定因子模型设定恰当的条件下，基于由扰动项构建的高阶矩矩阵稀疏性特征探讨了高阶矩矩阵中元素在何种条件下收敛到真实分布情况。其次，利用如上方法提出了两种混频因子高阶矩模型的最优因子个数识别检验方法，分别为参数 Wald 检验和非参数 Gumbel 检验，在给定混频因子模型最优因子个数识别策略后，本章采用了大量的蒙特卡洛模拟方法对 U-MIDAS 模型和 R-MIDAS 模型正确识别因子个数的检验水平和检验功效进行了研究。同时，为了进一步体现本书提出的基于残差方法构建的高阶矩因子模型最优因子个数识别方法的优势，我们与基于信息准则构建的最近邻估计方法的识别效果进行了比较。最后对本章进行了小结。

第 5 章利用本书第 4 章提出的高阶矩最优因子个数识别方法识别和筛选出最优因子后，对中国 A 股上市股票构建混频多因子高阶矩投资组合模型。本章从统计意义和经济价值评价两个方面将混频多因子模型方法与其他已有方法在高阶矩估计及其投资组合优化后的表现进行了多方面的比较，从而反映出不同方法在高阶矩建模时的优劣，为市场投资者和监督管理者使用不同方法进行高阶矩建模提供思路和依据。

第 6 章给出了本书的主要结论和进一步展望。在总结本书使用方法以及得到的主要结论的同时，提出本书现有研究存在的不足并为后续研究提供了可能的拓展方向。

1.4 主要创新点

本书在前人关于高阶矩建模研究的基础上，通过使用混频多因子模型高阶矩建模方法，从增加频率较高的可观测因子样本个数和增加可供使用的因子个数两个方面进一步提取高频历史因子收益率数据中可能含有的高阶矩信息，从而尽可能降低估计得到的高阶矩矩阵中存在的抽样误差，提高基于高阶矩构建的投资组合表现。与此同时，书中进一步提供了一种在因子可观测条件下，基于因子模型高阶矩建模的最优因子个数识别方法和策略，从而摆脱了原有采用因子模型估计高阶矩矩阵时因子个数选取具有主观任意性的问题。本书从理论和实证上进一步完善和拓展了现有高阶矩投资组合建模研究，不仅具有重要的理论价值，同时也具有较高的实际应用价值。具体来看，本书的创新点主要体现在如下三个方面：

（1）本书针对高阶矩估计中面临的"维数灾难"问题提出了一种可以有效降低抽样误差的估计方法。假定数据生成过程来自无约束混频数据抽样模型和有约束混频数据抽样模型，高阶矩矩阵由于结构化约束的存在，大大减少了待估参数的个数。虽然该方法可能有模型设定错误的风险，但本书研究结果表明在模型设定适当的条件下，结构化约束可以显著降低高阶矩矩阵中元素的估计误差，通过使用本书提出的混频因子模型可以提高包含高阶矩的投资组合表现。

本书第4章详细探讨了在假定数据生成过程已知的条件下，如何基于混频因子模型估计各阶矩矩阵。在模型设定适当的条件下，由模型扰动项得到的各阶矩矩阵具有明显的稀疏性特征，因而有效减少了各阶矩矩阵中待估参数的个数，在一定程度上较好地缓解了"维数灾难"问题。

（2）本书针对采用可观测多因子模型进行高阶矩建模时如何选择最优因子个数问题，提出了一种基于扰动项得到的高阶矩矩阵稀疏性特征构建的最优因子个数识别方法。之前已有研究大多基于高维协方差矩阵，而针对包含更高阶矩矩阵，如协偏度矩阵和协峰度矩阵信息的最优因子个数选择问题并未有相关文献对其进行深入的探讨。通过在多因子模型高阶矩建模中选择适当的因子个数，使得模型在解释能力和精简性上做出了最优的权衡，从而在保证降低各阶矩矩阵估计误差的同时减少模型设定错误的可能，进一步提高各阶矩矩阵的估计质量，为构建包含高阶矩的稳健投资组合并进行风险度量提供了坚实的基础。

（3）本书通过基于期望效用函数的高阶泰勒级数展开，将由混频因子模型估计得到的高阶矩矩阵引入高阶矩投资组合中，从而构建高阶矩投资组合策略，通过与其他结构化建模方法多方面、细致的比较发现，该模型具有十分良好的经济价值。本书在因子选择上使用了由基本面构建的 Fama-French 五因子数据。通过采用混频多因子模型构建高阶矩矩阵，不仅可以充分利用影响股票收益因素中的历史信息，同时还能有效减少待估参数个数，从而避免"维数灾难"问题，因此在高阶矩投资组合建模中拥有着十分广阔的应用前景。

  本书第 5 章从统计意义和经济价值评价两方面对基于中国股票市场的混频多因子高阶矩投资组合进行了较为细致的研究。研究结果表明：第一，绝大部分投资组合选择混频单因子模型便可良好地包含高阶矩信息，从而可以构建基于混频单因子模型的高阶矩投资组合。第二，由混频因子模型估计高阶矩得到的投资组合具有显著的优势，与其他结构化建模方法相比，具有更高的货币效用收益且大大减少了资产权重的极端配置行为。第三，大量的稳健性检验表明，基于混频多因子模型构建的高阶矩投资组合具有良好的效果，滚动窗口长度以及相对风险厌恶系数的调整不会显著改变混频高阶矩投资组合的相对优势。第四，基于历史数据回测的样本外实证检验结果表明，使用混频因子模型构建的高阶矩投资组合依然具有良好的表现，且随着相对风险厌恶系数的提高该方法的优势愈发明显。

2　国内外研究现状

　　Markowitz（1952）在提出均值-方差投资组合理论时便已指出，一个偏好收益且偏向风险规避的理性人一定不会接受公平的赌博，但如果理性人对收益率三阶矩（偏度）具有偏好的话，其仍然可能会接受一个公平的赌博。在金融市场中，对于高阶矩较为细致的研究最早可追溯到 Kendall 和 Hill（1953），Mandelbrot（1963a 和 1963b）和 Fama（1965）等，在其研究中均发现金融市场收益率分布具有显著的非对称性和尖峰厚尾等高阶矩特征。鉴于此，投资者在进行投资组合优化时应考虑高阶矩的影响，否则便会产生次优决策（彭胜志，2012）。因此，将高阶矩引入投资组合优化中无论在理论上还是实践上无疑均具有重要的意义。

　　如何将高阶矩与投资组合关联起来，主流文献中给出了两种方式：一种是在均值-方差模型框架下直接加入高阶矩（偏度和峰度），构建均值-方差-偏度或均值-方差-偏度-峰度投资组合；另一种是以投资者期望效用最大化为目标函数，通过泰勒级数展开，将投资组合问题近似转化为基于高阶矩的投资组合优化来进行间接求解。

　　无论采用直接法还是间接法，以上两种思路均不可避免地需要估计协方差矩阵、协偏度矩阵以及协峰度矩阵。大量研究已经表明，使用历史收益率数据估计的样本协方差矩阵存在较大的抽样误差，使得基于均值-方差框架构建的投资组合缺乏稳健性（Jobson 等，1979；Jobson 和 Korkie，1980；Harvey 等，2010）。Michaud 和 Michaud（2008）认为投资组合缺乏稳健性的根本原因来自模型对数据本身的过度依赖。此时，估计值与其对应真实值的轻微差异会导致估计的最优投资组合权重产生巨大的变化，而样本协偏度矩阵和协峰度矩阵其待估参数往往远远大于对应的协方差矩阵，因而会面临更为严重的抽样误差问题，这使得最终基于高阶矩矩阵构建的投资组合存在严重的估计误差，从而无法良好地分散风险以达到最优的投资组合效果（Michaud，1998）。正因如此，多数学者倾向于不考虑高阶矩对投资组合的影响，而将精力更多放在均值-方差框架下，估计风险可能带来的问题。Frost 和 Savarino（1986，1988）发现，对投资组合权重施加约束可以显著降低估计误差带来的影响。除此之外，Jorion（1992）建议使用重抽样方法以减少估计误差问题。

众所周知，增加可观测样本容量作为一种最直接的方法，可以有效减小统计量估计时产生的抽样误差，但考虑到中国等多数国家的金融市场起步较晚，没有足够的低频时间序列数据可供使用，因此通过增加可观测样本容量的方法将传统的均值-方差分析方法直接推广到高阶矩中存在着现实意义上的困难（Brandt，Santa-Clara 和 Valkanov，2009）。基于此，本章将从混频模型建模研究、因子模型建模研究、最优因子个数识别研究和高阶矩及其投资组合研究这四个方面介绍国内外的研究成果以及最新进展，并在最后结合本书研究对这四方面的相关内容进行评述。

2.1　混频模型建模研究现状

在关于混合频率回归模型的相关文献中，Baffigi，Golinelli 和 Parigi（2004）较早提出了一种桥接方程的混频数据处理方法。具体来看，该方法通过对高频变量预测值加总从而对低频变量进行预测，然而这一方法需要在预测期间的所有解释变量均可知。同时该方法为纯统计方法，解释变量的选择仅仅是因为包含了实时更新的信息，若此时利用的高频信息中存在设定错误，估计误差会转移到桥接方程中并在预测中累积，因而大大限制了其在应用中的价值（Foroni 和 Marcellino，2013）。另外一种更加精细的处理混频数据的方法是采用状态空间模型。Bai，Ghysels 和 Wright（2013）发现使用卡尔曼滤波估计混频模型具有最优的预测能力，但该方法面临计算复杂的问题，且随着变量的增加，复杂程度会快速上升，因此大部分条件下，其仅适用于变量较少的混频模型。

Ghysels，Santa-Clara 和 Valkanov（2004）提出了另一种可行性较强的混频估计方法，即混合数据抽样（MIDAS）模型，其思想来源于分布滞后模型。相较于分布滞后模型，MIDAS 模型能够直接处理不同频率的数据，避免数据加总或插值导致的信息损失或人为信息的虚增，使得该模型在估计方面更加有效，在预测方面更加精准。Foroni 和 Marcellino（2014）研究发现相对于使用卡尔曼滤波方法的状态空间模型，MIDAS 模型在模型设定错误时更加稳健。早期的 MIDAS 研究主要集中于金融市场领域，用于研究股票市场收益率或远期波动率中条件均值和条件方差的关系。Ghysels，Santa-Clara 和 Valkanov（2005）通过使用 MIDAS 模型研究加总市场下收益率的条件均值和条件方差的跨期关系，发现风险和收益率之间存在显著且稳健的正向关系，进一步证实了 Merton（1973）的跨期资本资产定价模型（ICAPM）的正确性。与此同时，Ghysels 等还发现，相对于滚动估计和 GARCH 估计，MIDAS 模型在预测股票方差时效果更好。Ghysels，Santa-Clara 和 Valkanov（2006）比较了多种 MIDAS 模型在预测波动上的能力，发现使用日度已实现幂估计具有最优的预测效果。进一步地，Ghysels 等（2009）比较了三种不同的波动率预测方法，即迭代法、直接法和 MIDAS 方法，通过使用美国股票市场收益率数据进行样本外分析发现，直接法预测能力最差，迭代法在短期预测时适用，而 MIDAS 模型在长期预测时表现更好。近些年来，MIDAS 模型被广泛应用于宏观经济时间序列预测等多个领域。Clements 和 Galvao（2008，2009）最早将包含自回归项的 MIDAS 模型应用到宏观数据中，他们通过使用月度宏观经济变量和金融指标预测季度 GDP 的增长率，研究发现 MIDAS 模型的预测表现要显著优于传统的同频模型。Foroni 等（2012）比较了有约束混频模型（R-MIDAS）和无约束混频模型（U-MIDAS）的表现，通过蒙特卡洛模拟结果表明，当混频数据为季度和月度数据时，U-MIDAS 模型表现更好。同时，当混频模型不同变量频率之间倍差较大时，R-MIDAS 模型优于 U-MIDAS 模型。在进一步的实证研究中，作者使用月度解释变量预报了欧元区和美国的 GDP，证实了此时 U-MIDAS 模型更优。

近些年来，通过使用大量的日度金融时间序列数据来预测宏观经济的文献越来越多，但实证研究中关于使用高频金融时间序列是否有助于预测这一结论尚未达成一致。一方面，高频数据的使用包含了更多的历史信息；另一方面，如何对日度观测数据进行加权并对数据进行过滤以避免可能的噪音产生的影响仍存在难题（Foroni 和 Marcellino，2013）。Andreou，Ghysels 和 Kourtellos（2013）通过使用 MIDAS 模型研究了日度金融数据是否有助于提高宏观经济的预测。作者通过使用包含日度、月度和季度解释变量预测美国的季度通货膨胀率和经济增长率，发现相对于自回归模型，日度金融解释变量的存在提高了对季度通货膨胀率和 GDP 的预测能力。

在状态空间模型的框架下，部分学者将混频模型和因子模型做了进一步的结合，提出了混频因子模型，即从样本中提取出无法观测的经济状态变量并建立一个新的指标用于预测或预报宏观经济变量。Mariano 和 Murasawa（2003）对变量个数较少可观测的月度和季度时间序列建立了静态单因子模型，并得到其状态空间表达式，在估计中，他们使用了修正的允许存在缺失值的 EM 算法对量测方程进行估计。Frale 等（2011）拓展了 Mariano 和 Murasawa（2003）的研究，采用动态因子模型解决混频数据，并从高频数据中提取了月度欧元区 GDP 成分。Marcellino 和 Schumacher

（2010）建议将MIDAS模型与因子模型相结合，利用大量频率较高的月度变量中包含的信息预报和预测低频季度GDP，还有他们从德国具有代表性的111个宏观经济变量中得到月度因子序列，然后使用这些因子基于MIDAS模型预测德国的季度GDP并获得了较为良好的结果。Monteforte和Moretti（2013）采用混频模型对欧元区的实时通货膨胀进行了日度预测，在其使用的模型中作者将动态因子模型估计得到的月度核心通货膨胀率和日度金融市场变量进行了结合，并与标准的一元和多元模型的预测结果进行了比较，结果表明混频方法具有最优的预测能力。

现有文献中另一种较为常用的方法是通过使用状态空间模型解决数据的不同频率问题。低频变量被看成是存在缺失值的高频变量，通过采用卡尔曼滤波估计缺失的观测值进行预测。Bai，Ghysels和Wright（2013）通过使用混频动态因子模型研究了混频模型和卡尔曼滤波的关系，并且发现对于平稳序列，两种方法可以获得同等的预测效果。Fuleky和Bonham（2013）已经证明了混合频率因子模型在预测方面的优良性质。Zadrozny（1988）使用VARMA模型直接估计不同频率的数据。Mariano和Murasawa（2010）提出了混频向量自回归模型（MF-VAR），他们在无法观测的月度实际GDP数据中引入了VAR模型并在状态空间模型下进行估计，结果发现基于MF-VAR模型构建的一致指数与采用混频因子模型得到的一致指数相似，两者均能良好地追踪季度实际GDP。Kuzin等（2011）使用月度和季度混频数据比较了Mariano和Murasawa（2010）提出的MF-VAR模型和MIDAS方法，结论发现MIDAS倾向于得到更为精简的模型，而MF-VAR模型由于未对动态性予以约束因而会面临"维数灾难"问题，在预测方面二者倾向于互补而非替代，MF-VAR模型长期预测时较好，而MIDAS短期预测更优。Foroni和Marcellino（2013）通过使用大量的月度解释变量预测欧元区GDP增长率也得到了类似的结论，MF-VAR模型的长期估计效果优于MIDAS模型。

在国内，混频模型在经济中的应用也逐渐增多。徐剑刚，张晓蓉和唐国兴（2007）最早将 MIDAS 模型引入我国，他们利用我国上证指数和深圳成指日内数据，系统比较了 MIDAS 波动模型和 ABDL 模型。研究发现，我国股市的对数已实现波动存在长期记忆，且 ABDL 模型的预测优于 MIDAS 模型。刘金全和刘汉等（2010）使用蒙特卡洛模拟对 MIDAS 模型在各种情形下的有效性进行了详细的分析，最后结合我国宏观经济数据进行了有效性分析。刘汉和刘金全（2011）使用 MIDAS 方法，对我国 GDP 的预测和预报性能做了详细的探讨。李正辉和郑玉航（2015）为了解决参数的非时变问题，构建了马尔科夫区制转移混频模型并对我国经济周期的波动特征进行了研究。尽管混频模型的应用前景十分广泛，但现有大部分 MIDAS 模型的使用仍仅限于平稳时间序列框架下。对于非平稳时间序列，国内学者往往也是通过简单的一阶差分形式变换对平稳时间序列进行再分析（郑挺国和尚玉皇，2013；龚玉婷，陈强和郑旭，2014；王维国和于扬，2016；袁铭和温博慧，2017）。鲁万波和杨冬（2018）针对非平稳时间序列，将 U-MIDAS 模型拓展到了半参数混频误差修正模型（SEMI-ECM-MIDAS），通过与其他混频模型、同频误差修正模型和单变量模型比较，发现 SEMI-ECM-MIDAS 模型在进行连续一步预测时具有最优的预测能力。在多元条件下，张劲帆等（2018）基于贝叶斯估计的混合频率向量自回归模型（MF-BVAR），利用中国宏观经济指标对宏观经济运行状况的预测效果进行了检验。

总的来看，MIDAS 模型在国外的研究更加成熟和广泛，而国内关于该模型的研究大多集中于宏观经济预测等应用领域，但基于混频多因子模型的高阶矩建模研究国内外均鲜有。在采用因子模型估计高阶矩矩阵时，往往需要采用对收益率具有更好解释能力的因子变量，通过使用混频因子有助于进一步提高对收益率的解释能力，从而提高对高阶矩矩阵估计的精确程度。

2.2 因子模型建模研究现状

近些年来,随着金融以及宏观经济数据的可得性越发提升,计量经济学家们逐渐重视如何从大量信息中获取有效信息。在经济学实证研究中,越来越多的学者面临如何从高维变量中识别少数核心变量的问题。为了解释某一特定变量,Krolzig 和 Hendry(2001)建议使用从一般到特殊的方法,采用线性回归模型从 N 个外生变量中寻找最优的若干解释变量。考虑到变量之间可能存在内生关系,Sims(1980)提出了向量自回归模型(VAR),其被广泛应用到宏观经济预测之中。传统的 VAR 模型一般需要使用的内生变量较少,以避免待估参数的快速增加而产生的一系列问题。为了解决这一困境,基于贝叶斯方法的 VAR 模型逐渐受到了学者们的关注,该方法通过对众多内生变量施加约束以避免"维数灾难"问题(DeMol,Giannone 和 Reichlin,2008)。在预测方面,为了避免高维问题导致预测有效性的下降,Newbold 和 Harvey(2002)建议分别估计 N 个线性回归,并将 N 个预测结果进行合并以提高预测的精确程度。

在现有的文献中,因子模型被发现在数据丰富的条件下用于宏观经济分析和预测具有十分显著的效果。该模型可以用来将大量宏观经济变量中包含的信息汇总成少数几个共同因子。假定存在 N 个变量 r_{it},$i=1,\cdots,N$ 和 $t=1,\cdots,T$,且假定变量 r_{it} 可分解为两个正交成分的和,即来自所有变量的共同成分 χ_{it} 和异质性成分 ε_{it}。其中共同成分 χ_{it} 可以通过从所有变量中抽取数量较少的 $r \geq 1$ 的共同因子 (F_{jt}),$j=1,\cdots,r$ 获得。此时,对于一个 $N \times 1$ 维的因子模型 $\boldsymbol{R}_t = (r_{1t},\cdots,r_{Nt})'$,可表示为如下形式:

$$r_{it} = \chi_{it} + \varepsilon_{it}$$

或:

$$r_{it} = \beta_{i1} F_{1t} + \cdots + \beta_{ir} F_{rt} + \varepsilon_{it}$$

此时 $i = 1, \cdots, N$ 且 $t = 1, \cdots, T$。因子载荷 β_{ij}，$i = 1, \cdots, N$，$j = 1, \cdots, r$，表示第 i 个变量中共同因子 F_t 对变量的贡献程度。$N \times 1$ 维的向量 $\boldsymbol{\varepsilon}_t = (\varepsilon_{1t}, \cdots, \varepsilon_{Nt})'$ 为异质性成分。对于所有的 $t = 1, \cdots, T$，因子模型的向量形式可以表示为

$$\boldsymbol{R}_t = \boldsymbol{B} \boldsymbol{F}_t + \boldsymbol{\varepsilon}_t \tag{2-1}$$

其中矩阵 $\boldsymbol{B}$ 为 $N \times r$ 维的加权矩阵。进一步地，该模型的矩阵形式可表示为

$$\boldsymbol{R} = \boldsymbol{F} \boldsymbol{B}' + \boldsymbol{\varepsilon} \tag{2-2}$$

其中 $\boldsymbol{R}$ 为 $T \times N$ 维矩阵，$\boldsymbol{F}$ 为 $T \times r$ 维矩阵，$\boldsymbol{B}$ 为 $N \times r$ 维的矩阵，$\boldsymbol{\varepsilon}$ 为 $T \times N$ 维的矩阵。

在因子模型的研究中，按照分析变量维数的大小分为传统因子模型和渐近因子模型。在传统因子模型方面，该模型最初提出时被用于解决维数 N 较低时寻找变量的共同因素的问题，一般情况下此时的维数 N 往往较小，不会超过 6 或 7 个变量且同时要求维数 N 小于观测样本的个数 T。已有研究发现，传统因子模型框架下单因子往往可以解释绝大部分的变异性，即 $r = 1$。在建立因子模型时，我们往往需要假设数据满足平稳性假定，且存在有限方差并已做标准化处理。与此同时，为了保证可识别性，该模型还需满足以下所有（部分）假定：

（1）因子已做中心化处理，即 $E(\boldsymbol{F}_t) = 0$，且在所有时期均相互正交，即 $\forall t$，对于 $j \neq j'$，我们有 $E(F_{jt} F_{j't}) = 0$。因此，因子 $\boldsymbol{F}_t$ 的协方差矩阵 $\boldsymbol{\Sigma}_F = E(\boldsymbol{F}_t \boldsymbol{F}_t')$ 为对角矩阵。

（2）对于所有的 $i \neq i'$，异质性成分 ε_{it} 和 ε_{jt} 相互正交且 $E(\boldsymbol{\varepsilon}_t) = 0$。因此，异质性成分 $\boldsymbol{\varepsilon}_t$ 的协方差矩阵 $\boldsymbol{\Sigma}_\varepsilon = E(\boldsymbol{\varepsilon}_t \boldsymbol{\varepsilon}_t') = \text{diag}(\sigma_1^2, \cdots, \sigma_N^2)$ 同样为对角矩阵。

（3）因子 $\boldsymbol{F}_t$ 和异质性成分 $\boldsymbol{\varepsilon}_t$ 不相关，即满足外生性假定，对于 $\forall i$，

j, t, t'，我们有 $E(F_{jt}\varepsilon'_{it}) = 0$。

（4）因子 F_t 和异质性成分 ε_t 均满足独立同分布假定，因此在 $t \neq t'$ 时我们有 $E(F_{jt}\varepsilon'_{jt'}) = 0$ 和 $E(\varepsilon_{it}\varepsilon'_{it'}) = 0$。

式（2-1）有时也被称作静态因子模型，因为其因子 F_t 本身对被解释变量的影响不具有时变性，即因子和被解释变量的线性相关性随时间变化始终为一常数。在假定（1）和假定（3）满足时，静态因子模型的协方差矩阵 $\Sigma_R = E(R_t R'_t)$ 可表示为如下形式：

$$\Sigma_R = B \Sigma_F B' + \Sigma_\varepsilon \tag{2-3}$$

由因子分析可知，通过坐标旋转可将因子 F_t 的方差协方差矩阵标准化为单位矩阵，即 $\Sigma_F = I_r$，在进一步假定异质性因子的协方差阵 Σ_ε 有界的条件下，我们可以进一步得到

$$\Sigma_R = BB' + \Sigma_\varepsilon \tag{2-4}$$

此时通过使用常见的因子分析方法，根据 Lawley 和 Maxwell（1971）以及 Anderson（1984），静态因子模型可以被正确识别和估计。因子载荷矩阵 B 可以通过计算有约束的残差平方和最小得到

$$\sum_{t=1}^{T}(R_t - BF_t)'(R_t - BF_t)$$
$$s.\ t.\ B'B = I \tag{2-5}$$

在此框架下，Doz 和 Lenglart（1999）研究了该估计量的渐近性质。特别地，他们发现该方法在数据中存在一定程度的自相关时仍然可以获得一致估计量。

尽管传统的因子模型拥有多种优良的性质，但随着近些年来可得数据的日益剧增，传统的因子模型无论在理论还是实践方面均面临着越来越多的挑战。具体来看：

（1）越来越多的数据呈现出变量个数 N 大于观测个数 T 的现象。这导致为了能在传统的因子模型框架下分析而不得不对部分变量进行舍弃，从而可能导致潜在重要信息的损失。

（2）传统因子模型的渐近收敛性基于 N 固定 T 趋于无穷这一假定，而在 N 趋于无穷时，传统因子模型的渐近性质失效。

（3）独立同分布以及异质性成分构成的协方差矩阵 Σ_ε 为对角矩阵等假定使得扰动项之间不允许存在相关性，而在经济数据中这一假定往往过强，从而增加了模型设定错误的可能。

（4）在高维条件下，因子模型中由于待估参数众多使得传统的极大似然估计往往难以实现（Bai，2004；Bai 和 Ng，2002）。

（5）在可观测样本 T 较大时，通过使用极大似然估计可以保证因子载荷 β_i 的估计具有一致性，但共同因子 F_t 并不具有同样的性质（Steiger，1979）。在许多研究问题中，共同因子的估计具有十分重要的实际意义。

为了解决上述问题给因子模型估计带来的困难，Forni 等（2000）以及 Stock 和 Watson（2002）基于主成分分析方法提出了共同因子的非参数估计方法，该方法避免了传统的因子模型对异质性成分的方差协方差矩阵施加约束较多的问题，并得到了在 N 较大时的渐近性质。但在此问题上更多的是采用渐近因子模型，该模型最早由 Chamberlain 和 Rothschild（1983）提出。与传统的因子模型不同之处在于，该模型放松了对异质性扰动项不相关的假定，允许其存在一定程度的弱相关性。这一假定的放松使得由扰动项构建的方差-协方差矩阵 $\Sigma_\varepsilon = \mathrm{E}(\varepsilon_t \varepsilon_t')$ 可以不必为对角矩阵。与此同时，Chamberlain 和 Rothschild（1983）发现随着 N 趋于无穷时主成分分析与因子分析渐近等价。尽管如此，对于总体方差-协方差矩阵必须已知的假定使得这一方法在应用中仍然存在现实上的困难。为了解决这一问题，Connor 和 Korajczyk（1986，1988，1993）研究发现，在总体方差-协方差矩阵未知且 N 大于 T 的条件下，因子模型可以通过对样本方差-协方差矩阵进行主成分分析得到，从而避免了对总体协方差阵需已知的假定。进一步地，Connor 和 Korajczyk（1986）通过使用主成分分析建立了在 N 趋于无穷大且 T 固定时因子分析的一致估计。Ding 和 Kwang（1999）类似地基于主成分分析方法，在此基础上做了进一步拓展，允许 N 和 T 同时趋于无穷大。Stock 和 Watson（1999）研究了估计因子时的一致性，并得到了在 N 和 T 较大时的渐近收敛速度。Bai 和 Ng（2002）对因子模型的收敛速度做了进一步检验。最终，Bai（2003）发现共同成分的主成分估计量渐近服从正态分布，其收敛速度为 $\min(N^{1/2}, T^{1/2})$ 且当 N 和 T 足够大时异质性成分存在序列相关和（或）异方差性不会影响这一结论。相较于传统的因子模型，渐近因子模型具有以下两个优点：第一，异质性扰动项允许在一定程度下存在相关性和异方差性。第二，渐近因子模型同时允许因子 F_t 和异质性扰动项 ε_t 之间存在一定程度的弱相关。正是由于渐近因子模型具有如上所述的优良性质，因而其在理论和实证研究中引起了众多学者的关注。

目前，根据因子选择方法的差异，大体来看存在三种类型的多因子模型：宏观经济因子模型、基本面因子模型和统计因子模型（Zivot，2011；Goyal，2012）。宏观经济因子模型用宏观经济变量来解释资产的收益率，这些宏观经济变量包括国内生产总值（GDP）增长率、利率、通货膨胀率和失业率等，代表性的研究如 Chan、Chen 和 Hsieh（1985），Chen、Roll 和 Ross（1986）以及 Campbell（1993）。基本面因子模型用资产收益率与上市公司特征之间的关系来选择资产定价因子，如企业规模、账面价值、市场价值以及所属行业分类等，代表性的研究如 Fama 和 French（1993）的三因子模型、Carhart（1997）的四因子模型、Fung 和 Hsieh（2001）的八因子模型和 Fama 和 French（2013）的五因子模型等。统计因子模型用因子分析或主成分分析从资产收益率或可观测变量中提取公共因子作为解释资产收益率的影响因子，代表性的研究如 Lehmann 和 Modest（1988，2005）以及 Connor 和 Korajczyk（1986，1993）。最近的研究中，为解决高维协方差矩阵估计中的"维数灾难"问题，Fan、Fan 和 Lv（2008）以及 Fan、Liao 和 Mincheva（2011）使用了多因子模型，通过使用日度数据的实证研究发现基于多因子模型的方法显著改善了样本协方差矩阵的估计质量，特别是在投资组合优化问题需要计算协方差逆矩阵的时候效果更为明显。Chan、Karcéski 和 Lakonishok（1999）基于多因子模型讨论了均值-方差模型的最优投资组合。Martellini 和 Ziemann（2010）最早研究了因子模型在估计高阶矩矩阵方面的可行性，并对其构建的投资组合进行了评价，Martellini 和 Ziemann（2010）对 Sharpe（1963）的单因子估计、Ledoit 和 Wolf（2003，2004）的最优压缩估计等适用于协方差矩阵的结构估计法进行了扩展，给出了协偏度矩阵和协峰度矩阵的单因子估计和最优压缩估计方法。对于单因子估计，抽样误差的减少是以设定误差为代价的，最优压缩估计则是在抽样风险和设定误差之间寻找一个最优的权衡。对于某些简单的投资组合问题，如在同一市场中的组合，用单因子模型来描述资产收益率是可被接受的，Martellini 和 Ziemann（2010）的单因子估计还算有效。但是对于不同市场的组合，就可能会产生较大的偏差，投资者必须考虑选择合适的有效多因子模型。大体来看，至今还没有学者基于多因子模型系统性讨论协偏度和协峰度矩阵的估计。以稍高维度 100 只股票的投资组合为例，三因子模型下协方差、协偏度和协峰度矩阵需要估计的参数总和为 631，而样本估计方法需要估计的参数总和将高达 4 598 025。在模型设定正确的条件下，多因子模型估计方法在能提高收益率解释能力的同时，能够有效缓解"维数灾难"问题。

  在国内，对于因子模型的分析绝大多数仍还限于对均值-方差框架下投资组合收益率的研究。杨炘和滕召学（2003）采用 MorningStar 风格分类方法对中国 A 股市场构造风格投资组合，并就沪深两市分别考察其收益特征，通过使用 CAPM 和 Fama-French 三因子模型，就不同模型对中国股票市场的解释能力进行了详细的分析。李选举和高全胜（2004）在考虑了交易费用的条件下，假设资产组合收益率满足同时包含宏观因子和微观因子的因子模型，构建了稳健资产组合。王茵田和朱英姿（2011）综合了现有的资产定价理论和实证文献研究结论，对中国 A 股市场进行了详尽的实证研究，结果发现：相对于 Fama-French 三因子模型，他们基于市场建立的风险溢价、账面市值比、盈利股价比、现金流股价比、投资资本比、工业增加值变化率、回购利率和期限利差的八因子模型的实证解释能力有显著提高。王艳萍，陈志平和陈玉娜（2012）提出了一种新的资产投资组合模型——多因子结构下的静态均值-方差模型，考虑到多因子模型能更加清晰明确地解释系统性风险，且同时可以显示不同股票对不同因子的敏感程度，他们采用统计因子模型得到了不允许卖空情况下的解析最优解，推广了现有单因子模型情况下的结果。刘振亚和李博（2017）采用动态模型平均算法（DMA）对 Fama-French 五因子模型进行了系统性研究。实证分析表明：资产定价模型因子对投资组合收益的预测能力存在时变性，DMA 算法在均方误差下的预测效果优于传统的五因子模型。在维数较高的条件下，白仲林和白强（2016）推广了 Doz 等（2012）的极大似然估计方法，提出了渐近因子模型的 GMM 估计方法，以避免参数估计对共同因子和异质性误差项分布的依赖性，并对其统计性质进行了研究。

大体来看，尽管对多因子模型的研究文献众多，但目前为止还没有学者系统性地基于多因子模型研究高阶矩建模及其投资组合评价。

2.3 最优因子个数识别研究现状

自 Ross（1976）提出套利定价理论（APT）以来，在资本资产定价领域采用线性因子模型便逐渐得到了学者们的广泛关注。APT 理论最显著的优势在于其假定很少，但也导致其对最优因子个数无法做出识别[①]。类似地，大量的宏观经济变量可以由少数变量进行建模也同样被广泛接受且应

---

① 套利定价理论（APT）主要包含如下三个假定：数据生成过程服从因子结构、存在大量的资产以及贸易间不存在摩擦。

用于经济分析当中（Bai 和 Ng，2002）。因此，因子模型逐渐得到了学者们的重视。Stock 和 Watson（1989）最早采用这一思路，通过使用一个基准变量用来刻画四个宏观经济变量的联动效应。此后，大量研究表明不同国家之间同样存在共同因素的驱动（Gregory 和 Head，1999；Forni 等，2000）。Stock 和 Watson（1999）发现通过将高维宏观经济变量转换为因子模型，可以显著降低预测误差。在上述研究中，当因子个数大于 1 时，如何正确设定最优因子个数成为理论和检验研究中的重点。在过去已有研究中，因子个数的假定往往根据研究需要主观进行设定而没有考虑数据本身特征。例如，Lehmann 和 Modest（1988）分别检验了包含 5、10 和 15 个因子的资本资产定价模型。Stock 和 Watson（1989）在研究宏观经济变量联动特征时假定仅存在一个共同因子。Ghysels 和 Ng（1998）在检验期限结构模型时假定数据生成过程仅包含两个因子。

近些年来，随着高维问题研究的深入，对于最优因子个数识别的文献日益增多。Lewbel（1991）和 Donald（1997）在假定维数固定的条件下，基于秩统计量提出了最优因子个数识别检验。在同样维数固定的条件下，Cragg 和 Donald（1997）基于因子是可观测的一组解释变量的假定提出了使用信息准则筛选因子个数。以上研究均是在假定维数固定条件下进行的分析。对于高维问题，Connor 和 Korajczyk（1993）在序贯渐近的假定下提出了一套因子个数检验方法。然而，这一方法依赖于不同时期协方差平稳和同方差的假定，其很难得到满足，因而大大降低了方法的有效性。Forni 和 Reichlin（1998）建议在 N 趋于无穷且 T 固定时使用图示法识别因子个数，但并没有给出相关的理论基础。Stock 和 Watson（2002）放松了在 N 趋于无穷时对 T 的约束，通过使用修正的 BIC 准则来选择最优因子个数，但该方法依然存在明显的局限，即要求 N 和 T 趋于无穷时保证 $\sqrt{N/T}\to\infty$，这使得在实际应用中要求 $N\gg T$，从而极大地限制了该方法在实际中的应用。Bai 和 Ng（2002）通过使用信息准则进一步拓展了渐近因子模型下最优因子个数识别的方法，在高维条件下允许资产个数（N）和观测样本个数（T）均趋于正无穷且二者之间无须施加约束，同时这一方法在时间和截面上存在异方差时同样保持稳健，由于该因子模型基于信息准则在模型拟合程度和模型节俭性上做出权衡获得了较为良好的结果，因而在实证研究中被众多学者使用。此后，借鉴 Hallin 和 Liska（2007）在动态因子模型使用的方法，Alessi 等（2010）通过对信息准则中惩罚函数的修正进一步提高了静态因子模型框架下最优因子个数识别的表现，模拟结果表明在异质性扰动项较大时修正的信息准则结果更为可靠。除了采用信息准则外，Kapetanios（2010）基于随机矩阵理论提出了一种估计高维因子模型时更加稳健的最优因子个数识别方法，其方法基于原始数据方差-协方差矩阵最大特征值的一系列检验，并在理论和模拟研究上证明了其性质。上述所有研究，均假定因子个数为固定的，但大量研究表明随着维数 N 或观测样本 T 的增加，其最优因子个数也会增加（Ludvigson 和 Ng, 2009; Giannone 等, 2005; Forni 和 Gambetti, 2010）。Li、Wang 和 Yao（2017）使用了类似于 Bai 和 Ng（2002）提出的信息准则，提出了一种允许因子个数随样本规模增大而增加的最优因子个数识别方法。

上述所有研究均是基于估计协方差阵的最优因子个数识别方法。而学界对于更高阶矩最优因子个数识别方法的研究文献并不多。Jondeau、Jurczenko 和 Rockinger（2016）提出了矩成分分析方法，将传统的主成分分析拓展到了高阶矩上。Jondeau 等使用 1994—2004 年 44 个国际股票市场的周度数据进行了矩成分分析，结果发现协偏度和协峰度矩阵均可以通过较少的因子进行刻画。Boudt、Cornilly 和 Verdonck（2018）基于最临近矩估计方法，针对不可观测因子提出了一种高阶矩最优因子个数识别方法，该方法本质上是采用 AIC 和 BIC 准则在模型拟合程度和模型精简程度之间进行取舍。

2.4　高阶矩及其投资组合研究现状

在金融市场中，对于高阶矩的研究最早可追溯到 Kendall 和 Hill（1953），Mandelbrot（1963a 和 1963b）和 Fama（1965）等，在其研究中均发现金融市场收益率分布具有显著的非对称性和尖峰厚尾等高阶矩特征。Kraus 和 Litzenberger（1976）研究发现，当效用函数对财富具有边际效用递减且绝对风险厌恶系数非递增时，投资者偏好于具有正偏度的投资组合。在此基础上，如果同时具有递减的绝对谨慎系数，投资者会进一步地厌恶峰度较大的投资组合（Kimball, 1990; Dittmar, 2002）。这一发现使得部分学者意识到将高阶矩引入投资组合理论中无论在理论上还是实践上无疑均具有重要的意义。

对于金融市场中高阶矩的研究，大多是在 Markowitz（1952）均值-方差模型基础上先从偏度开始进而拓展到峰度的。Alderfer（1970），Levy（1969），Peterson（1969），Samuelson（1970）和 Tsaing（1972）在非市场背景下考虑了分布中偏度给决策可能带来的影响。在市场背景下，Arditti（1967）实证研究了包含偏度信息的情况对期望效用的影响，但并未对系统性偏度和可分散偏度加以区分。Jean（1971）和 Simonson（1972）在研究三阶矩影响时忽略了各阶矩之间可能存在的影响。Rubinstein（1973）采用可分离的三次效用函数作为特例最早在均衡理论框架下构建了包含三阶矩的资本资产定价模型并研究了投资者对偏度的偏好。但由于三次效用函数对财富不具有边际效用递减的性质，因而其结论的一般性受到质疑（Levy, 1969）。在众多关于偏度实证研究的文献中，Kraus 和 Litzenberger（1976）最早在实证研究上基于资本资产定价模型（CAPM）将偏度的影响考虑进来，经验研究结果表明传统的 CAPM 模型可能会由于遗漏偏度影响而导致错误的定价。Friend 和 Westerfield（1980）进一步证明了协偏度有助于解释风险资产的收益，并发现投资者为了得到具有正偏的投资组合愿意支付其溢价部分。之后，Harvey 和 Siddique（2000）通过实证研究确认了包含偏度风险在估计期望收益率的重要性，并发现条件偏度有助于解释不同资产之间期望收益的差异，即使包含规模因子和账面市值比因子后其影响依然显著。

随着对高阶矩研究的逐步深入，由于峰度在金融市场中有着明确的经济意义因而其同样被考虑到模型当中。Arditti（1971）、Fielitz（1976）和 Gibbons 等（1989）研究发现投资组合中的偏度和峰度风险不会因为投资组合中资产个数的增加而分散。Fang 和 Lai（1997）进一步将三阶矩的资本资产定价模型拓展到包含峰度的四阶矩资本资产定价模型并检验峰度对资产定价的影响，研究发现为了得到较高的期望收益率，投资者愿意承受方差和峰度所带来的风险。与此同时，为了增加系统性偏度带来的收益，投资者也愿意放弃部分期望收益。在之前所述的所有研究中，其研究均集中在发达国家金融市场，考虑到新兴市场化国家高阶矩特征更为明显，Hwang 和 Satchell（1999）对 17 个新兴市场化国家进行研究，发现相比于传统的均值-方差 CAPM 模型，包含偏度和峰度的系统性风险可以更好地解释新兴市场化国家的收益率。

在投资组合优化方面，Samuelson（1970）基于 Marschak（1938）提出的三阶矩决策准则以及 Levy（1969）采用的三次效用函数，首次将高阶矩的重要性在期望效用函数框架下进行投资组合分析。此后，Jean（1971；1972 和 1973）、Ingersoll（1975）和 Schweser（1978）研究了在包含无风险资产时均值-方差-偏度有效投资组合前沿问题。进一步地，Davies 等（2005）和 Berenyi（2001，2002）通过使用多项式目标规划（PGP）在均值-方差-偏度-峰度框架下研究了对冲基金的有效前沿问题。然而，由 PGP 方法优化得到的结果不与期望效用函数直接相关，且不符合有效投资组合前沿的帕累托最优的定义（Jurczenko 等，2006）。为了规避这一问题，Jurczenko 等（2006）借鉴了由 Luenberer（1995）在生产理论中使用的短缺函数，将投资者对高阶矩的偏好考虑在其中，该方法在一定程度上避免了对偏好参数的假定。彭胜志（2016）借鉴 Lasserre（2001）和 Waki（2004）的研究成果，利用矩阵理论，将投资组合峰度为目标函数的优化问题转化为线性矩阵不等式优化问题，利用 Lasserre（2001）和 Waki（2004）提出的半定规划松弛算法求解最小化峰度时高阶矩投资组合优化问题。Maringer 和 Parpas（2009）为了解决高阶矩投资组合优化中的非凸问题，讨论了微分进化算法和基于随机微分方程的扩散算法两种全局优化算法的可行性。

上述学者在研究投资组合优化问题时均基于直接法进行求解，为了能够清晰简单并且直接反映投资者追求期望效用最大化的目标，作为对偶问题的基于期望效用函数的投资组合优化问题同样引起了学者们的关注（Guidolin 和 Timmermann，2005；Jondeau 和 Rockinger，2003，2006）。但假定投资组合收益服从某一特定分布并对效用函数直接积分求解在计算上过于复杂，往往无法得到解析解（Jaksa 等，2008）。Glasserman（2004）建议使用蒙特卡洛模拟方法来获得投资组合收益率的分布情况，但同样不可避免地涉及大量的计算问题。一般来看，该方法通常使用泰勒级数展开到某一特定阶数，来近似期望效用函数并进行优化求解。Kraus 和 Litzenberger（1976）在研究投资者对于偏度的偏好时便使用了基于期望效用函数的泰勒级数展开这一思路，但其使用的三次效用函数并不具有 Arrow（1963，1971）定义的风险厌恶特征。为了满足风险厌恶特征，幂效用函数、对数效用函数和负指数类效用函数被推荐使用，这些函数可以十分容易地进行泰勒展开（Jurczenko 和 Maillet，2006）。Jondeau 和 Rockinger（2003）使用常相对风险厌恶系数不变（CRRA）型效用函数，运用泰勒展开研究投资组合收益率分布与正态分布的差异对资产配置的影响。Jondeau

和Rockinger（2006）基于这一思路采用常绝对风险厌恶系数不变（CARA）型效用函数进一步研究了资产收益率偏离正态分布的程度对资产配置的影响，研究发现在资产收益率与正态分布偏差不大时，基于均值-方差准则构建的投资组合依然可以获得对期望效用最大化的良好近似，但随着资产收益率分布与正态分布差异的增加，基于均值-方差构建的投资组合将会失效，并通过实证研究证明了基于三阶矩或四阶矩的优化策略可以为期望效用函数提供良好的近似。

除此之外，在上述所有的高阶矩建模及其投资组合优化中，均不可避免地需要估计各阶矩矩阵。在经典的Markowitz（1959）均值-方差投资组合优化中，其均值大多采用基于历史数据计算得到的样本均值，方差同样使用历史数据计算得到的样本方差-协方差矩阵进行投资组合优化。Frankfurter等（1971）对三只股票使用模拟研究发现，由于抽样误差的存在，基于Markowitz准则构建的投资组合不如等权重投资组合有效。Dickenson（1974a，b）以两只证券为例，说明了采用全局最小风险投资得到的权重和方差估计量并不可靠。Jobson和Korkie（1980）使用蒙特卡洛模拟研究了样本估计量性质，发现在小样本条件下使用样本均值和样本方差并不适用。为了提高投资组合中估计量在小样本情况下的精确性，Jobson等（1979）建议使用James-Stein类估计量以减少均方误差，作者通过模拟研究发现，使用James-Stein类估计量可以显著降低均值估计量的偏差和均方误差，而对协方差矩阵使用James-Stein类估计量并没有体现出其优势。Lediot和Wolf（2004）认为，当构建的投资组合中包含的资产个数多于可供使用的历史收益率数据时，样本协方差矩阵估计量同样会含有大量的估计误差，这意味着估计得到的协方差矩阵中存在极端值，从而使得均值-方差投资组合得到的结果并不可靠。Michaud（1989）称这种现象为"误差最大化"。这意味着资产管理者的以往业绩记录不足以代表其真实的选股能力。为了解决样本协方差矩阵的估计问题，Frost和Savarino（1986）

和 Jorion（1986）建议使用压缩估计量方法，但在其研究中为了保证压缩技术可行需要样本观测数量必须大于股票数量。Lediot 和 Wolf（2004）进一步提出了一种改进的压缩估计量，且无须对样本观测数量和股票数量的关系进行约束，实证结果表明他们的方法可以显著提高通过已实现信息比率来衡量的投资组合的表现。

以上关于提高投资组合优化中所使用的估计量大多仅考虑了资产个数较低的情形，为了应对资产个数较多时估计协方差矩阵面临的挑战，众多学者从不同角度提出了用于提高高维协方差矩阵估计的方法。其中一种方法是对协方差矩阵施加某种结构化约束，以减少其待估参数的个数。例如，Elton 和 Gruber（1973）提出了常相关估计方法，假定不同资产之间的相关系数为常数，虽然这一假定存在明显的设定错误，但研究结果表明其可以显著提高投资组合的样本外表现。另外一种解决协方差估计误差的方法来源于 Sharp（1963），该方法使用模型通过假定各个证券的变动均与一个共同的加总指数有关，因而该模型被称为单因子模型。通过假定不同证券收益率的数据生成过程服从单因子模型，便可以大大减少待估参数的个数，从而减少估计误差对投资组合优化带来的不良影响。该方法可进一步地拓展到多因子模型，在提高对证券收益率解释能力的同时同样可以降低估计误差（Elton 和 Gruber，1973；Chan 等，1999；Connor 和 Korajczyk，1993）。以上所有方法，抽样误差的减少均以设定误差的增加为代价。因此，部分学者开始考虑在最优压缩理论框架下研究如何在抽样误差和设定误差中做出最优权衡，如均值最优压缩方法（Jorion，1985；1986）、单因子最优压缩方法（Lediot 和 Wolf，2003）和相关估计压缩方法（Lediot 和 Wolf，2004）。Jagannathan 和 Ma（2003）在对高维投资组合研究时发现，对投资组合施加禁止做空的约束可以得到与压缩估计一样的效果，获得了较好的样本外表现。

到目前为止，尽管在投资组合选择框架下已有大量方法被提出用于减少协方差中待估参数的个数,从而降低抽样误差;但对资产收益率更高阶矩的改良估计研究却很少。Kim 和 White(2004)较早研究了偏度和峰度的稳健估计,他们建议使用四分位差以减少极端值对估计产生的影响,但他们在其研究中仅关注了单变量情形而未考虑如何提高多变量中协矩估计。Harvey 等(2010)通过使用半参数方法研究了包含偏度时的投资组合配置问题,并强调了参数不确定性所可能带来的问题。在众多文献中,Martellini 和 Ziemann(2010)在如何提高高阶矩估计方面做出了重要贡献,他们将常相关估计量、基于因子模型估计量和压缩估计量拓展到了高阶矩估计方面,并得到了诸多有益的结论。Hitaj 等(2011)将 Martellini 和 Ziemann(2010)提出的高阶矩估计方法应用于对冲基金投资组合优化上,发现可以显著提高投资者效用。Boudt、Lu 和 Peeters(2015)将 Martellini 和 Ziemann(2010)使用的基于单因子估计的高阶矩方法进一步拓展到多因子模型上,并通过投资组合的样本外分析证明了其有用性。Boudt、Cornilly 和 Verdonck(2018a)发现 Martellini 和 Ziemann(2010)提出的关于协偏度的压缩估计量并非一致估计,Boudt(2018a)等对此进行了进一步修正得到了关于协偏度的一致压缩估计量。

在国内,学者对于金融市场中高阶矩的研究大多借鉴国外的研究范式对中国金融市场进行再检验。粟芳,蔡学章和俞自由(2003)最早探讨了含有高阶矩的 CAPM 模型,但并未结合中国市场数据进行实证研究。王永舵,王建华和魏平(2005)使用了包含偏度和峰度的高阶矩 CAPM 模型对中国股票市场进行了实证检验,结果显示包含高阶矩的 CAPM 模型表现优于传统的 CAPM 模型。考虑到二阶矩乃至高阶矩风险具有明显的时变特征,许启发(2006)拓展了 Leon、Rubio 和 Serna(2005)提出的广义自回归条件波动、偏度和峰度模型(GARCHSK),提出了一种带有均值项的信息非对称广义自回归条件异方差、偏度、峰度(NAGARCHSK-M)模型,并使用该方法对我国股市高阶矩风险的动态特征进行了实证研究,结果发现方差风险溢价高于偏度风险带来的溢价且高于峰度风险溢价，因此方差风险在投资决策中依然占有最重要的位置。进一步地，许启发和张世英（2007）建立了多元 GARCHSK 模型，并对中国 A 股和 B 股之间的高阶矩风险关系进行了实证研究。沿用同样的建模思路，蒋翠霞，许启发和张世英（2007）利用多元 GARCHSK 模型构建了带有高阶矩风险的动态投资组合策略，通过使用基于效用函数的泰勒级数展开这一间接方法对中国股票市场进行了实证研究，结果表明中国股市不仅存在高阶矩风险，且风险具有显著的时变特征。陈志娟和叶中行（2008）在构建最优投资组合模型时使用了直接法，构建了存在交易费用条件下包含偏度和峰度约束的多目标投资组合选择模型，通过使用线性逼近的方法将规划问题做了转化。蒋翠霞，许启发和张世英（2007）进一步考虑了基于直接法下如何构建高阶矩的动态投资组合，通过使用 Lai（1991）和 Sun 等（2003）提出的多项式目标规划（PGP）方法，建立了带有非负权重约束的高阶矩动态投资组合模型，并与基于间接法建立的动态高阶矩投资组合模型通过实证研究进行了比较，结果发现采用直接法构建的并由 PGP 算法得到的动态投资组合效果最优。在压缩估计方面，赵钊（2017）将非线性压缩方法运用到了 DCC 和 BEKK 模型中，通过构建投资组合发现其可以显著提高投资组合选择效率。于孝建和陈曦（2018）在风险评价模型中引入高阶矩风险以检验其是否能改善投资绩效，结果表明：当标的资产间平均相关性较高时，包含偏度的投资组合风险更小，收益更高；当标的资产间平均相关性较低时，风险评价模型表现更优。王鹏和吴金宴（2018）基于协高阶矩视角对上海股市和香港股市的风险传染进行了分析，结果发现使用协高阶矩刻画金融风险传染更为有效和全面。

由上述众多已有研究可知，国内对于高阶矩的研究大多仍局限在资产个数较少的框架下，采用直接法或间接法对中国股票市场进行实证研究，暂未考虑高阶矩矩阵的估计质量对投资组合影响。由此可见，已有的针对高阶矩矩阵的改良估计仍处于进一步发展和完善阶段，对于已有的不同高阶矩估计方法的优劣暂未有学者给予详细的探讨，因此针对高阶矩矩阵的改良估计仍然具有值得进一步深入研究的空间。

3 基于混频因子模型的高阶矩建模及其估计方法

在投资组合实践中，基于马科维茨的均值-方差投资组合优化面临着两大难题：一是优化结果的不稳定性和不明确性（Michaud 和 Michaud，2008）；二是马克维茨的均值-方差分析和期望效用原则具有一致性的充分条件并不成立（Markowitz，1952；Liu，2004；Markowitz，2014）。尽管已有部分研究表明，在资产收益率分布与正态分布差异不大时，基于均值-方差构建的投资组合依然对期望效用函数具有很好的近似（Levy 和 Markowitz，1979；Pulley，1981；Kroll 等，1984），但在资产收益率分布与正态分布差异较大时继续使用均值-方差投资组合会明显缺乏有效性（Jondeau 和 Rockinger，2006）。且大量研究表明，对于中国等新兴市场国家来说，其金融市场收益率分布与正态分布的差异相对于发达国家差异更大（Harvey，1995；Bekaert 和 Harevy，1997；Hwang 和 Satchell，1999；Jondeau 和 Rockinger，2003；鲁万波，2011）。此外，在优化过程中，估计误差的影响均值或方差的轻微变化会导致优化得到的估计结果产生巨大的差异，这也导致了优化后的投资组合无法很好地分散风险。因此，包含可以有效降低三阶矩甚至四阶矩估计误差的高阶矩投资组合策略在提高投资组合表现方面无疑具有着十分重要的意义。

本章给出了基于因子模型高阶矩投资组合建模的理论基础，通过结合因子模型和 Ghysels, Santa-Clara 和 Valkanov（2004）提出的混合数据抽样（MIDAS）模型，构建本书主要使用的混频多因子高阶矩模型。该方法通过增加解释变量的样本观测以及对高阶矩矩阵施加结构性假定两种途径，在增加了对收益率解释的能力的同时，又得以缓解高阶矩建模中存在的"维数灾难"问题，进而减少待估参数的估计误差。在本章中我们先引出高阶矩矩阵的张量表示方法，并说明其在计算和应用上的便利性，然后给出传统的 MIDAS 模型的具体表达形式。需要注意的是，在构建混频因子模型的过程中，随着被解释变量与解释变量频率之间倍差的增加以及解释变量及其滞后阶数的增加，其待估参数也会显著地随之快速增加，从而不利于减少估计误差；因此在基于信息准则选择最优滞后阶数的无约束混频多因子模型（U-MIDAS）的研究基础上，我们进一步使用了包含最优滞后阶数的有约束混频多因子模型（R-MIDAS），并将在不同小节分别予以讨论。最后，考虑到在建立 R-MIDAS 模型时，可供选择的对参数施加约束的函数形式种类较多，对如何构建最优的约束形式并进行约束的适当性检验，笔者也在本章进行了详细的探讨。

3.1 高阶矩的张量表达方法

为了评价资产收益率高阶矩特征对投资组合选择的影响，本书将在效用函数 $U(W)$ 最大化框架下进行考虑。其中 W 代表投资者最终财富的随机变量，为不失一般性，将投资者初始财富标准化为 1，对存在 N 个风险资产的收益率向量可表示为 $\boldsymbol{R}=(R_1,\cdots,R_N)'$，其联合累计分布函数为 $F(R_1,\cdots,R_N)$。此时，期末最终财富可以表示为 $W=(1+r_p)$，$r_p=\boldsymbol{\omega}'\boldsymbol{R}$，其中向量 $\boldsymbol{\omega}=(\omega_1,\cdots,\omega_N)'$ 表示财富在不同风险资产之间投资的比例。同时，我们假定投资者不涉及无风险资产，这意味着投资组合的权重之和为1，即 $\sum_{i=1}^{N} \omega_i = 1$，且假定投资组合权重均被设定为正 $\omega_i > 0$，即不允许做空行为的存在①。

在以上假定条件下，投资组合优化问题可转变为求解如下数学问题：

$$\begin{cases} \max E[U(W)] = E[U(1+\boldsymbol{\omega}'\boldsymbol{R})] = \int\cdots\int U(1+\sum_{i=1}^{N}\omega_i R_i)dF(R_1,\cdots,R_N) \\ s.t. \sum_{i=1}^{N}\omega_i = 1, \omega_i > 0, i=1,\cdots,N \end{cases}$$

在上述积分可微的条件下，优化问题可进一步转化为 N 个一阶条件：

$$\frac{\partial E[U(W)]}{\partial \boldsymbol{\omega}} = E[\boldsymbol{R} \cdot U^{(j)}(W)] = 0 \tag{3-1}$$

其中 $U^{(j)}(W)$ 表示对向量 $\boldsymbol{\omega}$ 权重中第 j 个分量求关于效用函数 U 的偏导数。我们假定效用函数具有良好的性质以保证其一阶条件存在且唯一。求解式（3-1）的问题在于大多数条件下该式并不存在解析解②。

由于本书主要研究通过使用混频多因子模型估计的高阶矩矩阵对投资组合表现以及风险测度的影响，我们此处使用泰勒级数展开，通过将最终财富效用在其期望值处展开以获得近似结果，期望效用函数可表示为

$$E[U(W)] = \int U(W)f(W)dW$$

其中 $f(w)$ 为期末财富的概率密度函数，对于一个具有无限可微性质的效用函数 $U(\cdot)$，将 $U(\cdot)$ 通过泰勒级数展开到无限阶可表示为

$$U(W) = \sum_{k=0}^{\infty} \left\{ \frac{U^{(k)}[E(W)]}{k!} [W - E(W)]^k \right\} \tag{3-2}$$

其中 $E(W) = 1 + \boldsymbol{\omega}'\boldsymbol{\mu}$ 为期末财富的期望，且 $\boldsymbol{\mu} = E[\boldsymbol{R}]$ 为期望收益向量。

由于效用函数在前4阶进行泰勒级数展开时具有明显的统计意义，即分别代表期末最终财富的期望、方差、偏度和峰度等统计特征，且偏好理

---

① 本书假定投资者不涉及无风险资产的原因在于，Simaan（1993）通过实验研究发现当投资者允许涉及无风险资产时，对于高阶矩的偏好会明显受到其风险厌恶系数的影响。当风险厌恶程度较低时，投资者会更加注重投资组合的期望收益而忽略二阶矩甚至高阶矩的影响。

② 仅在当资产收益率服从正态分布时等少数情况下，解析解才会存在。

论对于更高阶多项式并没有给予直观的解释；因此在高阶矩的实际研究中，多数学者倾向于使用4阶的泰勒级数展开多项式对效用函数进行近似（Jondeau 和 Rockinger，2006；Martellini 和 Ziemann，2010）。Ederington（1986）和 Berenyi（2001）发现使用泰勒级数展开达到四阶矩时便能很好地提高对期望效用函数的近似程度。与此同时，Hlawitschka（1994）研究发现包含过多的高阶矩项甚至可能会影响对期望效用函数的近似。因此本书对通过泰勒展开的效用函数在4阶处截断。

需要指出的是，通过使用泰勒级数展开在四阶矩处进行截断并不能保证此时各阶矩构成的多项式收敛到其对应的期望效用函数。Lhabitant（1998）以及 Jurczenko 和 Maillet（2006）研究发现只有在某些约束条件下，效用函数的泰勒级数展开才会收敛到期望效用。例如，对于某些效用函数形式（如指数型效用函数），泰勒级数展开可以无条件收敛到所有可能的财富水平；而对于其他部分函数形式（如幂函数型效用函数），仅在最终财富的某一给定区间内通过泰勒级数展开才会收敛。具体来看，当效用函数为指数型效用函数或多项式型效用函数时，无须对收敛区间做任何限定；而当使用幂函数型效用函数时，仅当财富水平在 $[0, 2E(W)]$ 区间内时才会收敛。在绝大部分条件下，这一区间对于仅包含债券和股票且不存在做空行为的投资组合优化问题已经足够大，而对于金融衍生品等其他资产，由于其具有明显的期权特征和杠杆效应，事后收益率很有可能落在收敛区间外部（Jurczenko 和 Maillet，2006）。彭胜志和王福胜（2011，2013）针对这一问题从收益率偏度角度做了进一步研究，发现当风险资产收益率分布为负偏态或对称时，在其收益率分布的支撑集均值位置展开可保证通过泰勒级数展开的多项式收敛于效用函数；而当风险资产收益率分布为正偏态时，对于指数型效用函数以外的其他类型效用函数，其泰勒级数展开不满足收敛的充分条件。

表 3-1 汇总了几种常见的效用函数形式及其对应的收敛半径和收敛区

间。具体来看，当效用函数形式为常绝对风险厌恶系数不变（CARA）和 N 阶多项式型效用函数时，其收敛半径为正无穷，因而收敛区间也对应着包含了整个实数区间；相比之下，当效用函数为常相对风险厌恶系数不变（CRRA）时，其收敛半径和收敛区间会受到限制。

表 3-1 几种常见效用函数泰勒展开的收敛半径和收敛区间

效用函数形式 $U(\cdot)$	收敛半径	收敛区间
CARA 型 $-\exp(\alpha R)$	$+\infty$	$(-\infty, +\infty)$
CRRA 型 $\dfrac{R^{1-\gamma}}{1-\gamma}$	$E(W)$	$[0, 2E(W)]$
CRRA 型 $\ln(R)$	$E(W)$	$[0, 2E(W)]$
N 阶多项式型 $\left(\dfrac{1-N}{N}\right)\left(b + \dfrac{aR}{1-N}\right)^N$	$+\infty$	$(-\infty, +\infty)$

通过对效用函数进行 4 阶泰勒级数展开可得如下结果：

$$U(W) \approx U[E(W)] + \sum_{k=1}^{4} \frac{U^{(k)}[E(W)]}{k!}[W - E(W)]^k \quad (3-3)$$

在相对温和的假定条件下（Lhabitant，1998），通过对式（3-3）两侧分别取期望，我们可以获得期望效用函数的渐近表达结果：

$$E[U(W)] \approx U[E(W)] + U'[E(W)]E[W - E(W)] + \frac{U^{(2)}[E(W)]}{2!}E[W - E(W)]^2 + \frac{U^{(3)}[E(W)]}{3!}E[W - E(W)]^3 + \frac{U^{(4)}[E(W)]}{4!}E[W - E(W)]^4 \quad (3-4)$$

其中，我们定义期末最终财富期望收益、方差、偏度和峰度分别为[①]

$$\mu_p = E[r_p] = \boldsymbol{\omega}'\boldsymbol{\mu}$$

$$\sigma_p^2 = E[(r_p - \mu_p)^2] = E\{[W - E(W)]^2\}$$

---

① 本书采用三阶中心矩和四阶中心矩对偏度和峰度进行定义，不同于统计定义中的标准化中心矩 $E\{[(r_p - \mu_p)/\sigma_p]^p\}$，$p = 3, 4$。

$$s_p^3 = E[(r_p - \mu_p)^3] = E\{[W - E(W)]^3\}$$

$$\kappa_p^2 = E[(r_p - \mu_p)^4] = E\{[W - E(W)]^4\} \tag{3-5}$$

由式（3-5）可知，资产组合收益的各阶矩是资产组合权重向量和单个资产二阶、三阶和四阶矩以及协矩的函数。Brandt、Santa-Clara 和 Valkanov 等（2009）认为，当投资者效用函数为非二次时，将传统的一阶矩（均值）和二阶矩（协方差矩阵）估计拓展到更高阶矩时，需要估计大量的协矩，因而存在现实上的困难。为了解决这一问题，我们采用高阶矩的张量表达方法（Jondeau 和 Rockinger，2003；Martellini 和 Ziemann，2010）。此时，二阶矩张量 Σ 为标准的协方差矩阵，对于更高阶矩张量 Φ 和 Ψ，可将各个协矩元素按列进行堆积。我们定义：

$$s_{ijk} = E[(R_i - \mu_i)(R_j - \mu_j)(R_k - \mu_k)] \quad \forall i, j, k = 1, \cdots, n$$

$$\kappa_{ijkl} = E[(R_i - \mu_i)(R_j - \mu_j)(R_k - \mu_k)(R_l - \mu_l)] \quad \forall i, j, k, l = 1, \cdots, n$$

$$(3-6)$$

其中 R_s 表示第 s 个资产的收益率。

为了更加直观地解释高阶矩张量的表达方法，此处我们给出当资产个数 $N=3$ 时高阶矩张量的具体表达形式：

$$\Phi = [S_1 \mid S_2 \mid S_3]$$

$$\Psi = [K_{11}\ K_{12}\ K_{13} \mid K_{21}\ K_{22}\ K_{23} \mid K_{31}\ K_{32}\ K_{33}] \tag{3-7}$$

其中

$$S_p = \begin{bmatrix} s_{p11} & s_{p12} & s_{p13} \\ s_{p21} & s_{p22} & s_{p23} \\ s_{p31} & s_{p32} & s_{p33} \end{bmatrix} \quad K_{pq} = \begin{bmatrix} k_{pq11} & k_{pq12} & k_{pq13} \\ k_{pq21} & k_{pq22} & k_{pq23} \\ k_{pq31} & k_{pq32} & k_{pq33} \end{bmatrix} \tag{3-8}$$

其中 S_p 和 K_{pq} 均为矩阵。这种表达方式便于我们在矩阵框架下分析高阶矩问题时，大大简化计算上的复杂程度。与此同时，由于各阶矩矩阵元素中对称性的存在，因此并不需要估计所有位置对应的元素。对于一个资产个数为 N 的投资组合，$N \times N$ 维的协方差矩阵仅需估计 $N(N+1)/2$ 个元素。

类似地，对于 $N \times N^2$ 维和 $N \times N^3$ 维的协偏度矩阵以及协峰度矩阵，需要估计的参数个数分别为 $N(N+1)(N+2)/6$ 和 $N(N+1)(N+2)(N+3)/24$ 个。(Jondeau 和 Rockinger，2006；Martellini 和 Ziemann，2010；Lu，Yang 和 Boudt，2019)。通过使用克罗内克积 $\otimes$，我们有

$$\Sigma = E\{[R - E(R)][R - E(R)]'\}$$
$$\Phi = E\{[R - E(R)][R - E(R)]' \otimes [R - E(R)]'\}$$
$$\Psi = E\{[R - E(R)][R - E(R)]' \otimes [R - E(R)]' \otimes [R - E(R)]'\}$$
(3-9)

此时式（3-5）中资产组合的二阶、三阶和四阶矩便可以表示为

$$\sigma_p^2 = E\{[\omega'(r_p - \mu_p)][\omega'(r_p - \mu_p)]'\} = \omega'\Sigma\omega$$
$$s_p^3 = E\{[\omega'(r_p - \mu_p)][\omega'(r_p - \mu_p)]' \otimes [\omega'(r_p - \mu_p)]'\}$$
$$= \omega'\Phi(\omega' \otimes \omega')$$
$$\kappa_p^4 = E\{[\omega'(r_p - \mu_p)][\omega'(r_p - \mu_p)]' \otimes [\omega'(r_p - \mu_p)]' \otimes [\omega'(r_p - \mu_p)]'\}$$
$$= \omega'\Psi(\omega' \otimes \omega' \otimes \omega')$$
(3-10)

在假定式（3-5）中的期末财富 W 完全由投资组合结果来决定的条件下，通过泰勒级数展开的方式，对传统期望效用函数求最大化便可转换为求如下函数的最大化问题：

$$\max\left\{U[E(\omega'\mu)] + \frac{U^{(2)}(\omega'\mu)}{2}\omega'\Sigma\omega + \frac{U^{(3)}(\omega'\mu)}{6}\omega'\Phi(\omega \otimes \omega)\right.$$
$$\left. + \frac{U^{(3)}(\omega'\mu)}{24}\omega'\Psi(\omega \otimes \omega \otimes \omega)\right\}$$
(3-11)

3.2 混频多因子高阶矩模型

随着资产组合中风险资产数量的增加，高阶矩矩阵中待估参数的数量也会以指数形式增加。"维数灾难"的存在使得在资产组合维数较高时包

含前四阶矩使用无约束估计量会存在严重的估计误差，使得优化问题变得十分困难（Boudt，Lu和Peeters，2015）。例如，在资产个数为20时，协方差、协偏度和协峰度中待估参数的个数分别达到了210、1 540和8 855，待估参数的个数明显超过了大部分条件下实际可获得的观测样本容量。此时若使用朴素样本矩估计最优资产组合权重，会进一步放大估计误差，从而导致优化后的资产组合不能很好地分散风险（Michaud，1998；Green和Hollifield，1992）。

为了尽量保留高频数据中可能含有的高阶矩信息，进一步提高资产收益率协方差、协偏度和协峰度矩阵的估计质量，本书考虑使用Ghysels，Santa-Clara和Valkanov（2004）提出的MIDAS模型，该模型结构类似于分布滞后模型，但被解释变量R_{it_m}的观测频率相对较低，被回归的分布滞后变量$F_{t_d}^{(s)}$的观测频率相对较高。具体来看，该模型的优势在于：第一，通过引入频率更高的解释变量，增加观测样本个数以减少模型的估计误差；第二，通过假定资产收益率来自某一特定的数据生成过程，可以大大减少各阶矩矩阵中待估参数的个数，这种对矩阵施加结构化的假定可以进一步减少参数的估计误差。

在本书第2章关于因子模型建模的介绍中已知，在构建因子模型时常用的因子形式有三类。第一类为宏观经济因子模型，因子多数为可观测的宏观金融变量。第二类为基本面因子模型，因子来自基本面等可观测的公司特征变量。第三类为统计因子模型，因子为从被解释变量中提取的不可观测因子。Connor（1995）比较过三类不同因子模型对证券市场收益的解释能力，发现统计因子模型和基本面因子模型的解释能力显著优于宏观经济因子模型。本书中我们使用频率相对于解释变量更高的基本面因子模型，以期在提高模型解释能力的同时，可以有效减少各阶矩矩阵中参数的估计误差。

不失一般性，对于包含N个资产的混频单因子回归模型可表示为如下形式：

$$R_{it_m} = c + \beta_i b(L^{1/s}; \theta) F_{t_d}^{(s)} + \varepsilon_{it_m} \quad (3-12)$$

其中 $b(L^{1/s}; \theta) = \sum_{k=0}^{K} c(k; \theta) L_s^k$，$L_d^x x_{t_d}^{(s)} = x_{t_d-x}^{(s)}$，$F_{t_d}^{(s)}$ 为频率相对较高的因子，s 为该解释变量抽取频率相对于被解释变量抽取频率的倍数，ε_{it_m} 为第 i 个资产的异质性因子，m 为被解释变量的观测频率，d 为解释变量的观测频率。通过回归获得的残差应满足同方差和截面无关的假定，即：

$$\varepsilon_{t_m} \sim (0, \Delta) \quad (3-13)$$

其中 Δ 为对角矩阵。

令 F_t 为高频因子经过线性滞后分布多项式展开后的 K 个低频因子，S 为对应的低频因子的 $K \times K$ 维协方差矩阵，G 和 P 分别是维度为 $K \times K^2$ 协偏度矩阵和 $K \times K^3$ 协峰度矩阵，则：

$$\mu_F = E(F_t)$$
$$S = E[(F_t - \mu_F)(F_t - \mu_F)']$$
$$G = E[(F_t - \mu_F)(F_t - \mu_F)' \otimes (F_t - \mu_F)']$$
$$P = E[(F_t - \mu_F)(F_t - \mu_F)' \otimes (F_t - \mu_F)' \otimes (F_t - \mu_F)']$$
$$(3-14)$$

根据假定，Δ 中的所有非对角元素均为 0。不同资产的异质性风险由 Δ 对角上的元素来反映。则资产收益率的协方差矩阵、协偏度矩阵和协峰度矩阵可以分别表示为如下形式：

$$\Sigma = \beta S \beta' + \Delta$$
$$\Phi = \beta G(\beta \otimes \beta') + \Omega$$
$$\Psi = \beta P(\beta \otimes \beta' \otimes \beta') + Y \quad (3-15)$$

其中，Δ，Ω 和 Y 分别为由残差项构造的协方差矩阵、协偏度矩阵和协峰度矩阵。

在因子模型设定适当的条件下，不同资产之间的随机扰动项 ε_{i_m} 和 ε_{j_m}（$i \neq j$）应相互独立，同时因子解释变量独立于扰动项，此时 Δ，Ω 和 Y

矩阵应具有明显的稀疏性特征。根据 Boudt，Lu 和 Peeters（2015）的证明思路，在本章附录 A 部分我们对基于因子模型构建高阶矩的结构特征进行了详细的讨论。

大体来看，对于残差构造的 $N \times N$ 维协方差矩阵 $\boldsymbol{\Delta}$，我们有

$$\Delta_{ii} = E(\varepsilon_{i_{t_m}}^2)$$

$$\Delta_{ij} = 0 \, \forall \, i \neq j \tag{3-16}$$

其中 $\boldsymbol{\Delta}$ 为对角矩阵且 Δ_{ii} 可以利用残差构建样本矩估计，即 $1/T \sum_{t=1}^{T} \hat{\varepsilon}_{it_m}^2$。

对于残差构造的 $N \times N^2$ 协偏度矩阵 $\boldsymbol{\Omega}$，我们有

$$\Omega_{iii} = E(\varepsilon_{i_{t_m}}^2)$$

$$\Omega_{iij} = 0$$

$$\Omega_{ijk} = 0 \, \forall \, i \neq j \neq k \tag{3-17}$$

其中在分块对角阵上的元素 Ω_{iii} 同样可利用残差进行估计，即 $1/T \sum_{t=1}^{T} \hat{\varepsilon}_{it_m}^3$。

对于残差构造的 $N \times N^3$ 协峰度矩阵 Y，其组合可能性较多，但矩阵仍具有稀疏性，具体来看，则：

$$Y_{iiii} = 6\beta_i' S \beta_i E(\varepsilon_{it_m}^2) + E(\varepsilon_{it_m}^4)$$

$$Y_{iiij} = 3\beta_i' S \beta_i E(\varepsilon_{it_m}^2)$$

$$Y_{iijj} = \beta_i' S \beta_i E(\varepsilon_{jt_m}^2) + \beta_j' S \beta_j E(\varepsilon_{it_m}^2) + E(\varepsilon_{it_m}^2) E(\varepsilon_{jt_m}^2)$$

$$Y_{iijk} = \beta_j' S \beta_k E(\varepsilon_{it_m}^2)$$

$$Y_{ijkl} = 0 \, \forall \, i \neq j \neq k \neq l \tag{3-18}$$

由式（3-18）可以看出，对于由残差构建的协峰度矩阵，其构成较为复杂，仅在 $i \neq j \neq k \neq l$ 时对应位置元素为 0。

3.2.1 无约束混频因子高阶矩模型及其估计

根据 Foroni 和 Marcellino（2013），无约束混频（U-MIDAS）模型可以转换为一般的线性动态模型进行分析，此时高频解释变量的参数可以保证

被识别。

不失一般性，在假定 U-MIDAS 模型仅包含一个高频因子解释变量时，基于线性滞后分布多项式展开的 U-MIDAS 模型可以表示为

$$R_{it_m} = c + \beta_{i1}(L) F_{1t_d} + \cdots + \beta_{is}(L) F_{st_d} + \varepsilon_{it_m} \tag{3-19}$$

其中 $\beta_{ij}(L) = (\delta_{j,0} + \delta_{j,0}L + \cdots + \delta_{j,v}L^v)$，$s$ 为频率倍差，F_{jt_d} 为从高频解释变量中抽取的对应的低频解释变量 $j = 1, \cdots, s$。

为了更加直观地表示 U-MIDAS 模型的具体形式，我们重新将式（3-19）改写为矩阵形式。假定 R_{it_m} 为可观测的月度变量，我们希望用可观测的日度变量 $F_{t_d}^{(s)}$ 解释其变异性。在金融市场中，一般每个月的平均交易日在 21 天左右，因此我们设定频率倍差 $s = 21$。同时，假定有且仅有当前月内的日度数据对于被解释变量具有解释能力，这就意味着在每个月度我们仅需要将 R_{it_m} 对 $F_{21t}, F_{21t-1}, \cdots, F_{21t-20}$ 进行回归即可，而无须跨月份考虑滞后影响。则式（3-19）的矩阵表达形式为

$$\begin{bmatrix} R_{i1_m} \\ \vdots \\ R_{iT_m} \end{bmatrix} = \begin{pmatrix} F_{21} & \cdots & F_1 \\ \vdots & \ddots & \vdots \\ F_{21t} & \cdots & F_{21t-20} \end{pmatrix} \begin{bmatrix} \beta_{i0} \\ \vdots \\ \beta_{i20} \end{bmatrix} + \begin{bmatrix} \varepsilon_{i1} \\ \vdots \\ \varepsilon_{iT} \end{bmatrix} \tag{3-20}$$

通过将式（3-19）写为矩阵形式，我们将高频解释变量 $F_{t_d}^{(s)}$ 转换为低频向量 $(F_{21t}, F_{21t-1}, \cdots, F_{21t-20})'$。因此，在假定滞后项足够多，以保证随机扰动项 ε_{it_m} 不相关时，式（3-19）中的所有参数可以直接使用普通最小二乘（OLS）进行估计而无须对参数施加任何约束。在高频因子解释变量个数大于 1 时，不同变量的滞后阶数可以不同，通常情况下可以采用 AIC 或 BIC 等信息准则进行选取。

此时估计收益率的协方差、协偏度和协峰度矩阵可以由以下三个步骤完成：第一步，使用 OLS 估计获得因子载荷矩阵 $\hat{\beta}$ 和残差序列 $\hat{\varepsilon}_m$；第二步，使用高频因子样本数据对因子协方差、协偏度和协峰度矩阵进行矩估计，得到 $\hat{S}, \hat{G}, \hat{P}$；第三步，利用式（3-15）便可获得收益率的协方差，

协偏度和协峰度矩阵的估计值 $\hat{\boldsymbol{\Sigma}}$，$\hat{\boldsymbol{\Phi}}$，$\hat{\boldsymbol{\Psi}}$。

需要说明的是，如果构建 U-MIDAS 模型时频率倍差 s 较大、包含的高频解释过多或滞后阶数较长，则该模型会由于估计参数过多而导致自由度的不足，反而会影响模型估计的精确程度，此时结果未必优于传统的同频因子模型。因此，在对 U-MIDAS 模型不做出进一步约束的条件下，使用 U-MIDAS 模型估计高阶矩矩阵可能缺乏稳健性。

3.2.2 有约束混频因子高阶矩模型及其估计

为了解决 U-MIDAS 模型在频率倍差 s 过大，或者高频解释变量 $F_{t_d}^{(s)}$ 及其滞后阶数较多时过度参数化的问题，Ghysels，Santa-Clara，Valkanov (2004) 建议使用简约分布滞后多项式对待估参数进行约束，构建有约束的混频（R-MIDAS）模型，以避免待估参数的快速增加和滞后阶数选择困难等带来的问题。

不失一般性，假定 R-MIDAS 模型仅包含一个高频因子解释变量，R-MIDAS 模型可以表示为

$$R_{it_m} = c + \beta_i b(L^{1/s}; \theta) F_{t_d}^{(s)} + \varepsilon_{it_m} \tag{3-21}$$

其中 $b(L^{1/s}; \theta) = \sum_{k=0}^{K} c(k; \theta) L_s^k$，$L_d^k x_{t_d}^{(s)} = x_{t_d-k}^{(s)}$，$F_{t_d}^{(s)}$ 为频率相对较高的因子，s 为该高频解释变量抽样频率相对于低频被解释变量抽样频率的倍数，因此有时也被称为倍差，ε_{it_m} 为第 i 个资产的异质性因子。

如何以简约的方式构建 $c(k; \theta)$ 中的滞后系数是早期 R-MIDAS 模型研究的主要问题之一。一般来说，滞后系数大多数情况下非负，且为了保证参数 β_i 的可识别性，我们假定 $c(k; \theta)$ 满足正则化约束，如 $\sum_{\omega=1}^{K} c(k; \theta, \omega) = 1$。在该约束条件下，$c(k; \theta)$ 函数可方便的表示为

$$c(k; \theta) = \frac{\Psi(\delta; \theta)}{\sum_{k=1}^{K} \Psi(\delta; k)}, \theta = 1, \cdots, K \tag{3-22}$$

其中 $\Psi(\delta;\theta)$ 为潜在的某种函数形式。

(1) 约束形式的设定

在 R-MIDAS 模型中，一种较为常用的函数形式为指数阿尔蒙（Almon）滞后多项式，该函数形式与传统的在分布滞后模型中用来缓解多重共线性以及保证自由度的阿尔蒙多项式滞后函数相似，其一般形式为

$$c(k;\theta_1,\cdots,\theta_Q) = \frac{\exp(\theta_1 k + \cdots + \theta_Q k^Q)}{\sum_{k=1}^{K}\exp(\theta_1 k + \cdots + \theta_Q k^Q)} \quad (3-23)$$

式（3-23）的优势在于其具有相当大的灵活性，仅仅需要若干个超参数便可控制整体参数的形状，如递增型、递减型和驼峰型等形式。

除了指数阿尔蒙滞后多项式，另外一种较为常用的函数形式为仅包含两个参数的贝塔（Beta）滞后多项式，该形式基于贝塔函数形式，其具体形式为

$$c(k;\theta_1,\theta_2) = \frac{f(\frac{k}{K},\theta_1,\theta_2)}{\sum_{k=1}^{K}f(\frac{k}{K},\theta_1,\theta_2)} \quad (3-24)$$

其中 $f(x,a,b) = \frac{x^{a-1}(1-x)^{b-1}\Gamma(a+b)}{\Gamma(a)\Gamma(a)}$，且 $\Gamma(a) = \int_{0}^{\infty}e^{-x}x^{a-1}dx$。

此外，Ghysels 和 Wright（2009）提供了另外几种可供使用的权重函数形式，如龚帕兹（Gompertz）函数、对数柯西（Cauchy）函数、线性（Linear）函数、双曲线（Hyperbolic）函数和几何（Geometric）函数等，这些函数形式在估计参数方面均具有较强的灵活性。

在实际应用中，指数阿尔蒙多项式的次数通常选取 2 或 3，很少超过 4。Ghysels, Santa-Clara, Valkanov（2005）在研究跨期资本资产定价模型（ICAMP）时，使用了包含两个参数的即多项式次数为 2 的指数阿尔蒙滞后多项式并获得了很好的估计效果。本书在权重函数设定上采用了 Ghysels 等（2005）使用的方法，其权重函数同样为仅包含两个参数的指数阿尔蒙

滞后多项式形式。其具体函数形式如下所示①：

$$c(k;\theta_1,\theta_2) = \frac{\exp(\theta_1 k + \theta_2 k^2)}{\sum_{k=1}^{K}\exp(\theta_1 k + \theta_2 k^2)} \quad (3-25)$$

式（3-25）具有如下几个优点：第一，该形式保证了权重系数为正，从而进一步使得混频模型中因子解释变量对收益率被解释变量的影响始终为正；第二，权重和为1；第三，式（3-25）具有相当大的灵活性，仅仅需要两个参数便可得到不同形状的权重形式；第四，由于仅需估计两个参数，因此保证了模型的精简性；第五，通过令系数 θ_2 为负，随着滞后阶数的增加，权重的影响逐渐趋于零。

（2）R-MIDAS 模型估计

R-MIDAS 模型的估计较为简便，可以直接使用非线性最小二乘（NLS）进行估计，从而无须额外的预先检验和滞后阶数选择过程。Ghysels 等（2004）发现通过使用 NLS 估计的 R-MIDAS 模型比传统的通过将高频加总后的低频模型在估计上更加有效，且 R-MIDAS 模型离散误差与传统的分布滞后模型一致，并随着解释变量频率的增加该误差会逐渐减小。

我们假定 R-MIDAS 模型中扰动项 ε_{it_m} 服从正态分布，其密度函数可以表示为

$$f(\varepsilon_{it_m}) = \frac{1}{\sqrt{2\pi}\,\sigma_i}\exp\left(-\frac{\varepsilon_{it_m}^2}{2\sigma_i^2}\right) \quad (3-26)$$

此处我们令 Θ 表示所有未知参数向量，即 $\Theta = \{c,\beta_i,\theta,\sigma\}$，同时定义 $X_t(\Theta) = X_t(\Theta, F_{t_d}) = c + \beta_i b(L^{1/s};\theta) F_{t_d}^{(s)}$。假定收益率可观测样本容量为 T，对于 $t = 0,\cdots,T$，则收益率 R_{it_m} 的条件概率密度函数可表示为

---

① Ghysels 等（2005）在基于美国金融市场数据使用 MIDAS 模型估计 ICAPM 模型时发现，使用贝塔滞后多项式等其他形式作为权重不会影响混频模型的稳健性，因此本书在使用时仅考虑了包含两个参数的指数阿尔蒙滞后多项式一种形式。

$$f[R_{it_m} \mid F_{t_d}^{(s)}; \Theta] = \frac{1}{\sqrt{2\pi}\,\sigma_i}\exp\left[-\frac{R_{it_m}^2 - (c + \beta_i b(L^{1/s}; \theta)F_{t_d}^{(s)})}{2\sigma_i^2}\right]$$

$$= \frac{1}{\sqrt{2\pi}\,\sigma_i}\exp\left(-\frac{R_{it_m}^2 - X_t(\Theta)}{2\sigma_i^2}\right) \quad (3\text{-}27)$$

此时 R_{it_m} 的对数似然函数为

$$\ln F(R_{i_m} \mid \Theta) = \sum_{t=1}^{T} \ln F(R_{it_m} \mid F_{t_d}^{(s)}; \Theta)$$

$$= -\frac{T}{2}\ln(2\pi) - \frac{T}{2}\ln\sigma_i^2 - \frac{T}{2\sigma_i^2}\sum_{t=1}^{T}(R_{it_m}^2 - X_t(\Theta))^2 \quad (3\text{-}28)$$

通过求解最优的参数 Θ 结果以使得式（3-28）最大化。在非线性回归框架下，Marsilli（2014）发现上述极值优化问题可以简化为求 $\hat{\sigma}_i^2$ 的最小值且 $\hat{\sigma}_i^2$ 是 $\hat{c}$、$\hat{\beta}_i$ 和 $\hat{\theta}$ 的函数，这可以通过求解式（3-28）关于 $\hat{\sigma}_i^2$ 的一阶导数条件得到

$$\hat{\sigma}_i^2 = \frac{1}{T}\sum_{t=1}^{T}(R_{it_m}^2 - X_t(\hat{\Theta}))^2 \quad (3\text{-}29)$$

此时对应的未知参数向量可重新定义为 $\Theta = \{c, \beta_i, \theta\}$。

可以发现，式（3-29）中当残差平方和 $R(\Theta) = (R_{it_m}^2 - X_t(\Theta))^2$ 最小似然函数可以达到最大化，即：

$$\hat{\Theta} = \operatorname{argmin}_{\Theta} R(\Theta) \quad (3\text{-}30)$$

通过对式（3-30）关于参数 Θ 求导，可得

$$\frac{\partial R(\Theta)}{\partial \Theta} = \frac{\partial (R_{it_m}^2 - X_t(\Theta))^2}{\partial \Theta} = 2(R_{it_m}^2 - X_t(\Theta))\frac{\partial (R_{it_m}^2 - X_t(\Theta))}{\partial \Theta}$$

$$(3\text{-}31)$$

通过令式（3-31）偏导数为 0 便可得到混频模型中参数的系数。由于上述非线性最小二乘估计中并不存在解析解，因此我们可以通过数值运算以获得最优参数结果。Jennrich（1969）证明非线性最小二乘估计量具有良好的正态性质，在假定梯度向量 $\nabla X_t(\Theta) = \left[\dfrac{\partial X_t(\Theta)}{\partial \Theta}\right]$ 存在的条件下，

R-MIDAS 模型非线性最小二乘估计量 $\hat{\Theta}$ 的渐近分布具有如下形式：

$$\sqrt{T}(\hat{\Theta} - \Theta) \xrightarrow{d} N(0, \sigma_i^2 E[\nabla X_t(\Theta) \nabla X_t(\Theta)']^{-1}) \quad (3-32)$$

由此可见，通过使用非线性最小二乘估计，R-MIDAS 模型中待估参数具有良好的统计性质，其渐进服从于正态分布。

（3）约束适当性检验和最优滞后阶数选择

在估计 R-MIDAS 模型时，除了需要考虑通常意义上的随机扰动项的假定以外，我们还需要考虑另外以下两点：

第一，R-MIDAS 模型中函数约束的适当性。函数约束的适当性可能会影响到模型估计的准确性，进而影响高阶矩矩阵中参数的估计。

第二，最优滞后阶数的选择。最优滞后阶数的选择控制着估计所使用的样本量，从而影响参数估计的准确性。

对于最优滞后的选择，我们依然可以使用常用的信息准则如赤池信息准则（AIC）或贝叶斯信息准则（BIC）等来选择最优滞后阶数，进而估计对应滞后阶数下的 R-MIDAS 模型。

在检验 R-MIDAS 模型使用的函数约束的适当性方面，由于可供选择的函数形式较多，且部分函数形式之间差异较大，Kvedaras 和 Zemlys（2013）提出了一种基于卡方统计量构造的统计检验方法，用于评价对混频数据抽样模型参数施加函数约束在统计意义上的可接受程度，并对构造的统计量的渐近性做了较为详细的讨论。其具体设定形式如下：

令 $\hat{\boldsymbol{\beta}}$ 表示式（3-19）中采用 OLS 基于 U-MIDAS 模型估计的所有参数构建的向量，同时令 $\hat{\boldsymbol{\beta}}_r$ 表示与此对应的采用 NLS 估计基于 R-MIDAS 模型估计的参数向量，因此对于任意的 $r \in R^q$，在原假设 H_0 参数约束正确设定的条件下，可构建如下统计量：

$$(\hat{\boldsymbol{\beta}} - \hat{\boldsymbol{\beta}}_r)'A(\hat{\boldsymbol{\beta}} - \hat{\boldsymbol{\beta}}_r) \sim \chi^2(d - q) \quad (3-33)$$

其中 A 为一个适当的正则矩阵，q 和 d 分别表示有约束和无约束模型中待估参数的个数。

当原假设不成立时，则：

$$(\hat{\boldsymbol{\beta}} - \hat{\boldsymbol{\beta}}_r)'A(\hat{\boldsymbol{\beta}} - \hat{\boldsymbol{\beta}}_r) = O_p(T) \quad (3-34)$$

随着观测样本容量 $T \to \infty$，构建的统计量 $(\hat{\boldsymbol{\beta}} - \hat{\boldsymbol{\beta}}_r)'A(\hat{\boldsymbol{\beta}} - \hat{\boldsymbol{\beta}}_r) \to \infty$。

至此，我们已经分别给出了无约束混频因子高阶矩模型和有约束混频因子高阶矩模型的详细建模及其估计方法。为了更加直观地表明使用混频模型特别是有约束混频多因子模型在估计高阶矩矩阵时的优势，表3-2分别给出了仅使用样本的朴素估计、使用同频数据的因子模型以及有约束混频因子模型估计协方差、协偏度和协峰度实际需要估计的待估参数个数。

表 3-2   不同估计方法下各阶矩待估参数的个数

	模型（1）	模型（2）	模型（3）
Σ	$N(N+1)/2$	$N(K+1) + K(K+1)/2$	$3N + Kv(Kv+1)/2$
φ	$N(N+1)(N+2)/6$	$N(K+1) + K(K+1)(K+2)/6$	$3N + Kv(Kv+1)(Kv+2)/6$
ψ	$N(N+1)(N+2)(N+3)/24$	$N(K+2) + K(K+1)/2 + K(K+1)(K+2)(K+3)/6$	$4N + Kv(Kv+1)/2 + Kv(Kv+1)(Kv+2)(Kv+3)/6$
	总数	$K=1, 3, 5$	$K=1, 3, 5$
$N=5$	120	23, 61, 160	28, 56, 145
$N=15$	3, 860	63, 121, 240	78, 106, 195
$N=30$	46, 345	123, 211, 360	153, 181, 270

注：表3-2中给出了不同估计方法下各阶矩待估参数的个数，其中 N 代表投资组合中资产个数，K 表示实际使用的因子个数，v 表示使用混频模型时实际使用的滞后阶数，表中汇总待估参数个数时假定实际使用的滞后阶数 $v=1$。模型（1）为仅使用样本的朴素估计，模型（2）为传统的使用 K 个因子的同频因子模型，模型（3）为有约束的混频因子模型。

具体来看，相对于仅使用样本的朴素估计，无论是使用同频因子模型还是有约束混频因子模型，均可以显著减少待估参数的个数，朴素估计方法待估参数的个数会随着资产个数 N 的增加而呈指数型增长，相比之下采用因子模型虽然增加了模型设定错误的风险，但可以显著减少待估参数的个数，进而达到减少估计误差的目的。进一步地，通过比较两种因子模型可以发现，单从待估参数数量上来看，同频因子模型和有约束混频多因子模型似乎差异不大，特别是在因子个数为1时，由同频因子回归模型构建的各阶矩矩阵中待估参数相对更小，但随着潜在因子个数的增加，有约束混频多因子模型估计得到的各阶矩矩阵中具有更少待估参数个数。

尽管如此，因子个数增加时使用混频因子模型估计高阶矩矩阵并非永远好于同频模型，混频因子模型中变量系数的减小是以因子变量协方差矩阵、协偏度矩阵和协峰度矩阵的待估参数增加为代价的，由于高频因子变量可观测数量多于被解释变量，因此仅在实际因子个数较少，且使用滞后阶数较少时优势会更为明显。此时估计有约束混频多因子模型时，由于高频解释变量的观测数量远大于对应的同频观测数量，因此在估计因子变量的协方差阵方面会有比同频因子模型产生更小的估计误差。

相对于U-MIDAS模型，R-MIDAS模型中超参数的使用在一定范围内可以进一步减小待估参数的估计误差，提高对被解释变量的解释程度，且特别在包含高频解释变量较多或滞后阶数较多时优势更为明显。因此，在模型设定恰当的条件下，有约束混频因子模型可能具有更加良好的应用前景，在本书后续章节中我们会对此做进一步的验证。

3.3　混频多因子模型高阶矩投资组合优化

3.3.1　效用函数的设定

本书将基于间接法角度对高阶矩投资组合优化问题进行研究。由本章3.1节可知，效用函数的设定直接影响到泰勒展开对效用函数的近似结果。因此，对效用函数的设定将显得十分重要。本节将对后文中使用的效用函数以及优化方法做简要的说明。

在高阶矩投资组合的构建上，我们采用了与 Martellini 和 Ziemann（2011）以及 Boudt，Lu 和 Peeters（2015）相一致的设定方法，假定投资者效用函数形式为具有常相对风险厌恶系数不变（CRRA）的条件下最大化，其包含高阶矩的期望收益函数。同时，为了避免均值对优化结果产生影响，在建模前我们对股票收益率做中心化处理，则此时最大期望效用函数可以等价地表示为如下形式：

$$\min\left[\frac{\gamma}{2}\omega'\Sigma\omega - \frac{\gamma(\gamma+1)}{6}\omega'\Phi(\omega\otimes\omega) + \frac{\gamma(\gamma+1)(\gamma+2)}{24}\omega'\Psi(\omega\otimes\omega\otimes\omega)\right]$$

(3-35)

其中 γ 为相对风险厌恶系数，在后文实证研究中我们使用风险厌恶系数 $\gamma = 10$ 作为参考基准，同时我们也使用了较为常见的风险厌恶系数 $\gamma = 5$ 这一情况，以方便进行比较。此时，ω 为所要优化的权重向量，一般来说我们对投资组合的权重均需加以限制，如不允许做空 $\omega_i > 0$，优化权重上限及下限约束 $\omega_i \in [L, U]$ 以及投资权重和为 1 的完全投资约束 $\omega'_i 1_N = 1$ 等。对于约束的设定本书将根据所要研究问题的不同做出相应的选择。

3.3.2 微分进化算法基本原理

由式（3-35）中的函数形式可知，由于高阶矩的存在对该期望效用函数求最大值为明显的非凸优化问题，此时传统的局部优化方法如 BFGS 迭代算法以及 Nelder-Mead 算法等基于梯度寻得的极值往往得到的是局部最优而非全局最优解。为了避免局部优化在非凸优化求解中带来的困难，本书使用 Ardia 等（2011）使用的改进的微分进化算法，该方法作为一种随机全局优化算法可以有效避免优化结果陷入局部最优的可能。微分进化算法最初由 Stron 和 Price（1997）提出，具有收敛速度快、算法简单以及稳健性等特点，主要用于实参数优化问题（苏海军，杨煜普和王宇嘉，2008）。Ardia 等（2014）使用该方法对大维投资优化问题进行了研究，发现微分进化算法相对于基于梯度的算法对非凸优化问题更具有优势。下面

我们将对微分进化算法的基本原理做简要的说明:

(1) 变异算子

假设目标向量和试验向量分别表示为 $\boldsymbol{x}_i = (x_{0,i}, \cdots, x_{N-1,i})^T$ 和 $\boldsymbol{v}_i = (v_{0,i}, \cdots, v_{N-1,i})$, $i = 0, 1, \cdots, NP - 1$, 其中 N 为所要优化向量的维数。在变异算子的使用上, 常用的有以下五种形式:

$$\begin{aligned} v_{i,G} &= x_{test,G} + F(x_{r2,G} - x_{r3,G}) \\ v_{i,G} &= x_{r1,G} + F(x_{r2,G} - x_{r3,G}) \\ v_{i,G} &= x_{i,G} + F_1(x_{best,G} - x_{i,G}) + F_2(x_{r1,G} - x_{r2,G}) \\ v_{i,G} &= x_{best,G} + F(x_{r1,G} + x_{r2,G} - x_{r3,G} - x_{r4,G}) \\ v_{i,G} &= x_{i,G} + F(x_{r2,G} + x_{r3,G} - x_{r4,G} - x_{r5,G}) \end{aligned} \quad (3-36)$$

其中 G 表示第 G 代; $r1, r2, r3, r3, r5 \in [0, NP-1]$ 为取值不同的整数值; F 为大于 0 的实数尺度因子, 用于控制差值的尺度。

(2) 交叉算子

为了增加参数向量的可能性, 微分进化算法采用了二项式交叉算子, 具体计算公式如下:

$$\mu_{j,i,G} = \begin{cases} v_{j,i,G}, & \text{if}(\text{rand}_j[0,1] \leq CR) \; or (j = j_{rand}) \\ x_{j,i,G}, & \text{otherwise} \end{cases} \quad (3-37)$$

其中 $j = 0, 1, \cdots, N-1$; $CR \in [0, 1]$; $j_{rand} \in [0, N-1]$。CR 为交叉概率, 通过增加 CR 值可以加快优化的收敛速度, 但优化参数的稳健性会减低。

(3) 算子选择

优化参数的递归产生形式可表示为如下形式:

$$x_{j,G+1} = \begin{cases} v_{j,i,G}, & f(\mu_{i,G}) < f(x_{i,G}) \\ x_{i,G}, & \text{otherwise} \end{cases} \quad (3-38)$$

由目标函数式 (3-35) 可知, 若优化目标为求函数的最小值, 当 $\boldsymbol{\mu}_i$ 对应的目标函数比 $\boldsymbol{x}_i$ 对应的目标函数值小时, 则 $\boldsymbol{\mu}_i$ 替代 $\boldsymbol{x}_i$ 进入下一代种群中;

否则将在下一代种群中保留原有的 x_i 值。

(4) 参数设定

微分进化算法中共有三个调节参数，分别为差分向量的尺度因子 F、交叉控制参数 CR 和种群大小 NP。

①尺度因子 F 主要用来控制算法的收敛速度。F 的增加可以提高收敛的效率但会降低优化结果的稳健性。

②交叉控制参数 CR 对算法起到微调作用。一般我们将其范围设定在 $CR \in [0, 1]$。

③种群大小 NP 决定了算法优化时可供使用的范围，因此可以提高优化结果的准确程度，但与此同时会增加优化的复杂程度。一般我们将种群大致范围设定在 $NP \in [3 \times D, 10 \times D]$，其中 D 为所要优化的向量维数。

3.4 其他高阶矩估计方法简介

在提高高阶矩估计精度方面，目前已有部分学者对其从不同角度进行了一定程度的研究，且绝大多数方法均基于结构化建模思路对高阶矩矩阵进行估计，即假定收益率服从某一特定的数据生成过程，这使得高阶矩矩阵存在较强的稀疏性特征，因而可以大大减少待估参数的个数。本节将对现有的几种估计高阶矩矩阵的方法做简要说明。在本书后续实证研究部分，我们会对本书提出的混频多因子方法和其他已有高阶矩估计方法做详细的比较。

3.4.1 朴素样本矩估计方法

朴素样本矩估计方法是对高阶矩矩阵估计方法最直接的拓展。由于样本矩是总体矩的一致估计量，因此我们总是可以通过使用样本矩作为总体矩的替代值进行估计。然而，在样本量有限的条件下使用样本矩会存在较大的估计误差，进而导致构建的投资组合无法良好地分散风险。Jorion（1986）在研究均值-方差投资组合时便已经发现，样本均值虽然是总体均值的一致估计，但使用其构建的投资组合通常会有非常糟糕的表现。Brandt（2015）发现通过使用样本构建的均值-方差投资组合往往会高估样本外的夏普比率。利用本书 3.1 节中的定义，样本协方差矩阵 $\hat{\boldsymbol{\Sigma}}$、协偏度矩阵 $\hat{\boldsymbol{\Phi}}$ 以及协峰度矩阵 $\hat{\boldsymbol{\Psi}}$ 估计量中的元素可通过如下公式计算得到

$$\hat{\sigma}_{ij} = \frac{1}{T}\sum_{t=1}^{T}(R_{it}-\mu_i)(R_{jt}-\mu_j)$$

$$\hat{\varphi}_{ijk} = \frac{1}{T}\sum_{t=1}^{T}(R_{it}-\mu_i)(R_{jt}-\mu_j)(R_{kt}-\mu_k)$$

$$\hat{\psi}_{ijkl} = \frac{1}{T}\sum_{t=1}^{T}(R_{it}-\mu_i)(R_{jt}-\mu_j)(R_{kt}-\mu_k)(R_{lt}-\mu_l) \quad (3\text{-}39)$$

考虑到在可观测样本量有限的条件下，使用式（3-39）中得到的协偏度矩阵估计量 $\hat{\Phi}$ 为有偏估计量，类似于协方差估计量使用 $1/(T-1)$ 替代 $1/T$，我们对协偏度矩阵也做了类似的自由度调整，具体形式如下：

$$\varphi_{ijk}^{(unb)} = \frac{T}{(T-1)(T-2)}\sum_{t=1}^{T}(R_{it}-\mu_i)(R_{jt}-\mu_j)(R_{kt}-\mu_k) \quad (3\text{-}40)$$

3.4.2 常相关系数估计方法

常相关估计量最初由 Elton 和 Gruber（1973）提出并用于解决构建高维投资组合时估计协方差带来的问题。通过对不同资产之间施加常相关系数这一假定，尽管存在明显的设定误差问题，却可以显著提高投资组合的样本外表现。一个无偏的常相关系数估计量通过对所有样本相关系数平均获得，具体方法如下：

$$\hat{r} = \frac{2}{N(N-1)}\sum_{i<j}^{N}\hat{r}_{ij}$$

$$\hat{r}_{ij} = \frac{s_{ij}}{\sqrt{s_{ii}\,s_{jj}}} \tag{3-41}$$

其中 s 表示样本协方差矩阵。采用这一方法，协方差矩阵中的参数可以由固定的相关系数与各自的标准差计算获得，即 $\hat{\sigma}_{ij} = \hat{r}\sqrt{s_{ii}\,s_{jj}}$，通过将不同资产之间的相关系数常数化大大减少了待估参数的个数。

沿用这一思路，Martellini 和 Ziemann（2010）将常相关系数估计方法拓展到了高阶矩估计。根据对式（3-7）中高阶矩矩阵 **Φ** 和 **Ψ** 中所有元素的定义，我们有

$$s_{ijk} = E(\bar{R}_i \bar{R}_j \bar{R}_k)$$

$$k_{ijkl} = E(\bar{R}_i \bar{R}_j \bar{R}_k \bar{R}_l) \tag{3-42}$$

其中 $\bar{R}$ 表示中心化后的收益率，即 $\bar{R} = R - \mu$。

根据式（3-42）中所有可能的排列方式，扩展的相关系数可分别表示为如下形式：

$$r_{ij}^{(1)} = \frac{E(\bar{R}_i \bar{R}_j)}{\sqrt{\mu_i^2 \mu_j^2}} \quad r_{iij}^{(2)} = \frac{E(\bar{R}_i^2 \bar{R}_j)}{\sqrt{\mu_i^4 \mu_j^2}}$$

$$r_{ijk}^{(3)} = \frac{E(\bar{R}_i \bar{R}_j \bar{R}_k)}{\sqrt{\mu_i^2 E(\bar{R}_i^2 \bar{R}_j^2)}} \quad r_{iiij}^{(4)} = \frac{E(\bar{R}_i^3 \bar{R}_j)}{\sqrt{\mu_i^6 \mu_j^2}}$$

$$r_{iijj}^{(5)} = \frac{E(\bar{R}_i^3 \bar{R}_j^3)}{\sqrt{\mu_i^4 \mu_j^4}} \quad r_{iijk}^{(6)} = \frac{E(\bar{R}_i^2 \bar{R}_j \bar{R}_k)}{\sqrt{\mu_i^4 E(\bar{R}_i^2 \bar{R}_j^2)}}$$

$$r_{ijkl}^{(7)} = \frac{E(\bar{R}_i \bar{R}_j \bar{R}_k \bar{R}_l)}{\sqrt{E(\bar{R}_i^2 \bar{R}_j^2) E(\bar{R}_k^2 \bar{R}_l^2)}} \tag{3-43}$$

其中 $r_{ij}^{(1)}$ 为协方差矩阵中非对角元素的相关系数，$r_{iij}^{(2)}$ 和 $r_{ijk}^{(3)}$ 为协偏度矩阵各分块矩阵中非对角元素的相关系数，剩余的四项 $r_{iiij}^{(4)}$、$r_{iijj}^{(5)}$、$r_{iijj}^{(5)}$、$r_{iijk}^{(6)}$ 为协峰度矩阵各分块矩阵中非对角元素的相关系数。由柯西施瓦茨不等式 $|E(XY)| \leq \sqrt{E(X^2)E(Y^2)}$ 可知，上述对高阶矩相关系数的拓展保证

了其在-1到1之间有界，即：

$$r^{(\kappa)} \in [-1, 1], \kappa = 1, \cdots, 7 \qquad (3-44)$$

与Elton和Gruber（1973）思路一致，Martellini和Ziemann（2010）假定式（3-36）中各个相关系数在不同资产之间同样为一常数，因此可对各阶矩中不同资产之间的相关系数进行平均并对自由度进行修正后得到

$$\hat{r}^{(s)} = \frac{2}{N(N-1)} \sum_{i=1}^{N} \sum_{j=i+1}^{N} \frac{\sum_{t=1}^{T} (\bar{R}_{it} \bar{R}_{jt})/T}{\sqrt{m_i^{(2)} m_j^{(2)}}} \qquad (3-45)$$

$$\hat{r}^{(k)} = \frac{24}{N(N-1)(N-2)(N-3)} \sum_{i=1}^{N} \sum_{j=i+1}^{N} \sum_{k=j+1}^{N} \sum_{l=k+1}^{N} \frac{\sum_{t=1}^{T} (\bar{R}_{it} \bar{R}_{jt} \bar{R}_{kt} \bar{R}_{lt})/T}{\sqrt{\hat{r}^{(5)} \sqrt{m_i^{(4)} m_j^{(4)}} \hat{r}^{(5)} \sqrt{m_k^{(4)} m_l^{(4)}}}}$$

其中 $\bar{R}_{it}$ 为第 i 个资产在 t 时期的中心化收益率；$m_i^{(n)}$ 为第 i 个资产的 n 阶中心距。

将式（3-43）中不同资产下的协偏度和协峰度相关系数用式（3-45）中平均后的协偏度和协峰度相关系数分别代替，则协偏度矩阵 $\boldsymbol{\Phi}$ 和协峰度矩阵 $\boldsymbol{\Psi}$ 最终可通过下式计算得到

$$\hat{s}_{iij} = \hat{r}^{(2)} \sqrt{m_i^{(4)} m_j^{(2)}}$$

$$\hat{s}_{ijk} = \hat{r}^{(4)} \sqrt{m_i^{(2)} \hat{r}^{(5)} \sqrt{m_i^{(4)} m_j^{(4)}}}$$

$$\hat{k}_{iiij} = \hat{r}^{(3)} \sqrt{m_i^{(6)} m_j^{(2)}}$$

$$\hat{k}_{iijj} = \hat{r}^{(5)} \sqrt{m_i^{(4)} m_j^{(4)}} \quad \forall i \neq j \neq k \neq l$$

$$\hat{k}_{iijk} = \hat{r}^{(6)} \sqrt{m_i^{(4)} \hat{r}^{(5)} \sqrt{m_j^{(4)} m_k^{(4)}}}$$

$$\hat{k}_{ijkl} = \hat{r}^{(7)} \sqrt{\hat{r}^{(5)} \sqrt{m_i^{(4)} m_j^{(4)}} \hat{r}^{(5)} \sqrt{m_k^{(4)} m_l^{(4)}}} \qquad (3-46)$$

3.4.3 变量独立估计方法

变量独立估计方法作为一种对变量之间关系非常强的假定，在现实中往往并不成立。但其具有明显的优势，作为结构化建模的极端形式，该方

法可以极大地减少待估参数的个数。本书在实证分析中同样基于这一模型估计了高阶矩矩阵以作为结构化建模的参考标准。在假定变量之间具有独立性的条件下，高阶矩矩阵中的所有可能元素的结果可表示为如下形式

$$\varphi_{iij} = 0$$

$$\varphi_{ijk} = 0$$

$$\psi_{iiil} = 0$$

$$\psi_{iikk} = \sigma_i^2 \sigma_k^2$$

$$\psi_{ijkk} = 0$$

$$\psi_{ijkl} = 0 \tag{3-47}$$

其中 σ_i^2 表示单个资产的方差且 $i < j < k < l$。

由式（3-47）可知，高阶矩中仅有 φ_{iii}、ψ_{iiii}、和 ψ_{iikk} 元素非零。因此可以大大减少高阶矩时待估参数的个数，提高矩阵的稀疏性。

与此同时，如果我们进一步假定不同资产的边际分布为独立同分布的，即对于所有 i，$\varphi_{iii} = \varphi$，$\psi_{iiii} = \psi$，且 $\sigma_i^2 = \sigma^2$。此时，对应的高阶矩估计可以采用对样本值取平均的方法获得，即：

$$\psi_{iiii}^{(indepID)} = \frac{1}{N} \sum_{j=1}^{N} \hat{\psi}_{jjjj}$$

$$\psi_{iikk}^{(indepID)} = \frac{1}{N} \sum_{j=1}^{N} (\hat{\sigma}_j^2)^2 \tag{3-48}$$

3.4.4 单因子模型估计方法

单因子模型估计方法通过假定收益率生成过程服从某一线性模型过程，从而减少待估参数的个数。该方法可作为本书混频多因子模型的一种特殊情况，区别仅在于解释变量与被解释变量抽样频率一致，因此此处不再赘述。

3.5 本章小结

本章详细介绍了基于混频多因子模型的高阶矩建模思路、估计方法及其高阶矩投资组合优化问题,并在本章最后对其他几种现有的高阶矩估计方法做了简要的说明。为了保证高维条件下协偏度和协峰度计算的便利性和可操作性,在本章第一部分先分别介绍了几种不同类型效用函数与其在期望处泰勒级数展开的收敛性条件;在保证收敛性的条件下,给出了高阶矩的张量表示方法,通过引入克罗内克积,可以方便地将协偏度和协峰度在矩阵框架下进行展开,大大提高了计算的便利性。之后,本书着重介绍了构建混频数据模型的两种具体方法:无约束混频数据抽样(U-MIDAS)模型和有约束混频数据抽样(R-MIDAS)模型,并分别给出了两种模型的具体估计方法以及如何使用这两种模型估计高阶矩矩阵的思路。该模型通过增加高频解释变量的样本观测以及对高阶矩矩阵施加结构性假定两种途径,以缓解高阶矩建模中存在的"维数灾难"问题,进而减少待估参数的估计误差。由于 U-MIDAS 模型在包含高频解释变量较多或滞后阶数较长时,即使使用信息准则选择最优滞后阶数后依然可能面临自由度大量损失的问题,R-MIDAS 模型在本章被重点予以讨论,R-MIDAS 模型通过超参数的引入进一步缓解了传统的 U-MIDAS 模型中面临的参数过多的难题。与此同时,我们讨论了超参数函数形式的设定方式,针对超参数函数约束假定的不同引出了不同的约束形式,本章详细介绍了指数阿尔蒙(Almon)滞后多项式以及贝塔(Beta)滞后多项式两种较为常用的具体函数形式。另外,考虑到在建立 R-MIDAS 模型时,由于可供选择的对参数施加约束的函数形式种类较多且同样面临最优滞后阶数选择的问题,我们进一步对构建最优的约束形式以及约束的适当性检验进行了详细的探讨。在确定估计高阶矩的方法之后，考虑到高阶矩投资组合优化为非凸优化，我们简要地对本书进行投资组合优化使用的微分进化算法及其估计思路做了说明。在本章最后，总结了现有文献中用于解决高阶矩估计"维数灾难"的几种估计方法，并推导了其具体的估计方法和建模思路。

4 基于混频因子模型的高阶矩最优因子个数识别研究

考虑到金融资产收益率具有明显的非对称性和尖峰厚尾等高阶矩特征,在对效用函数形状施加相对较弱的假定下,可以证明投资决策者往往喜欢奇数阶矩(如期望和偏度)而厌恶偶数阶矩(如方差和峰度)。然而,"维数灾难"问题的存在使得高阶矩估计面临严重的估计误差,从而无法良好地分散风险。因此,在高阶矩框架下准确估计高阶矩矩阵进而提高金融资产组合的收益无疑具有重要意义。近些年来,已有众多文献从不同角度对金融资产的高阶矩特征进行了分析。Boudt,Peterson 和 Croux(2008)以及 Boudt,Carl,Peterson(2013)基于 Cornish-Fisher 展开发现,将高阶矩估计纳入资产组合中对于提高资产组合风险估计具有重要作用。Boudt,Cronilly 和 Verdonck(2018a;2018b)构建了均值-方差-偏度-峰度资产组合,发现其效果显著优于传统的基于 Markowitz(1956)均值-方差资产组合。Jondeau 和 Rockinger(2006)以及 Martellini 和 Ziemann(2010)基于期望效用函数的四阶泰勒展开研究了高阶矩在资产组合中的应用并发现了诸多有益的结论。

本章的研究目的在于解决具有理论优越性的高阶矩投资决策理论在实践中高阶矩估计面临的挑战。对收益率的数据生成过程施加因子模型结构以避免"维数灾难"的问题,在模型设定正确的条件下,这意味着由扰动项生成的高阶矩矩阵具有较为明显的稀疏性特征。因此我们可以通过利用对扰动项构建的高阶矩矩阵稀疏性检验来判断因子模型设定的合理性。在本章开始，我们首先提出了高阶矩矩阵稀疏性结构和其检验的一般思路，并通过数学推导获得了在因子模型设定正确下各阶矩矩阵中元素形成的真实分布。基于这一分布，本书分别提出了参数的 Wald 检验和非参数的 Gumbel 检验两种统计检验方法，以在统计意义上判断使用的混频因子模型的合理性。同时，考虑到混频因子模型中因子个数对高阶矩矩阵估计准确性的影响，我们给出了在因子可观测条件下混频因子模型最优因子个数筛选方法和策略。最后，为了验证本章提出的统计量的有用性，书中采用了大量蒙特卡洛模拟的方法对混频因子模型最优因子个数识别的准确性做了进一步验证。

4.1　高阶矩矩阵稀疏性检验

在因子模型恰当设定的条件下，模型中应不存在遗漏重要解释变量等问题，此时扰动项应具有式（3-16）至式（3-18）中的特征。此时构建的高阶矩矩阵具有显著的稀疏性。相比之下，若因子模型存在设定错误（如遗漏某些重要因子），这通常会导致扰动项之间存在一定的相依性。基于这一性质，我们尝试构建诊断检验以判断混频因子模型设定的适当性。

4.1.1　混频因子模型设定错误影响

在实际建模中，若仅仅使用真实因子中的部分因子对收益率进行估计，往往会产生遗漏变量偏误等问题。具体来看，假定低频收益率数据 R_{it_m} 是由两个高频因子 $(F_{1t_d}, F_{2t_d})'$ 生成，但在对收益率 R_{it_m} 回归时仅考虑了其中一个 F_{1t_d} 因子，此时对应的模型可表示如下：

真实模型：

$$R_{it_m} = \beta_{1i} b^{(1)} (L^{\frac{1}{s}}; \theta) F_{1t_d}^{(s)} + \beta_{2i} b^{(2)} (L^{\frac{1}{s}}; \theta) F_{2t_d}^{(s)} + \varepsilon_{it_m} \quad (4-1)$$

实际模型：

$$R_{it_m} = \alpha_{1i} b^{(1)} (L^{\frac{1}{s}}; \theta) F_{1t_d}^{(s)} + \upsilon_{it_m} \quad (4-2)$$

一般情况下 $\beta_{1i} \neq \alpha_{1i}$，为了更加清楚地反映二者的关系，计算 α_{1i} 可表示为

$$\hat{\alpha}_{1i} = \{[b^{(1)} (L^{1/s}; \theta) F_{1t_d}]'[b^{(1)} (L^{1/s}; \theta) F_{1t_d}]\}^{-1}$$

$$\{[b^{(1)} (L^{1/s}; \theta) F_{1t_d}^{(s)}]' R_{it_m}\}$$

$$= \{[b^{(1)} (L^{1/s}; \theta) F_{1t_d}]'[b^{(1)} (L^{1/s}; \theta) F_{1t_d}]\}^{-1}$$

$$\{[b^{(1)} (L^{1/s}; \theta) F_{1t_d}^{(s)}]' \beta_{1i} b^{(1)} (L^{\frac{1}{s}}; \theta) F_{1t_d}^{(s)} +$$

$$\beta_{2i} b^{(2)} (L^{\frac{1}{s}}; \theta) F_{2t_d}^{(s)} + \varepsilon_{it_m}\}$$

$$= \beta_{1i} + \{[b^{(1)} (L^{1/s}; \theta) F_{1t_d}]'[b^{(1)} (L^{1/s}; \theta) F_{1t_d}]\}^{-1}$$

$$[b^{(1)} (L^{1/s}; \theta) F_{1t_d}^{(s)}]' \beta_{2i} b^{(2)} (L^{\frac{1}{s}}; \theta) F_{2t_d}^{(s)}$$

通过对上式等号两端取期望，我们可以得到如下结果

$$E[\hat{\alpha}_{1i} \mid F_{1t_d}^{(s)}] = \beta_{1i} + \Gamma_{12} \beta_{2i} \quad (4-3)$$

其中 Γ_{12} 为高频因子 $F_{1t_d}^{(s)}$ 对 $F_{2t_d}^{(s)}$ 的回归系数。

从式（4-3）中可以发现，除非 $\Gamma_{12}=0$ 或 $\beta_{2i}=0$，$\alpha_{1i} \neq \Gamma_{12}\beta_{1i}$。因此式（4-1）和式（4-2）在高频因子 F_{1t_d} 上有着不同的因子载荷系数。与此同时，高频因子变量 F_{2t_d} 的遗漏会导致扰动项之间存在相依性进而使得高阶矩矩阵不再具有稀疏性特征。

4.1.2 模型正确设定下高阶矩真实分布

本章提出的模型诊断检验基于估计得到的标准化残差，即 $\eta_{it} = \varepsilon_{it}/\sigma_i$，以此进一步检验其标准化残差是否独立。为了避免检验统计量渐近分布中厌恶系数的影响，我们假定检验统计量渐近分布不依赖于第一步中的回归

估计。基于此，构建了对不同资产回归后经过标准化的扰动项之间的二阶、三阶和四阶乘积。

对于不同资产获得的扰动项构建的协方差检验，对应的原假设可表示为

$$H1_0: E(\eta_{it}\eta_{jt}) = 0, \quad \forall i,j: i < j, \forall t \qquad (4-4)$$

对于扰动项构建的协偏度检验，在原假设下我们有

$$H2_0: E(\eta_{it}\eta_{jt}\eta_{kt}) = 0, \quad \forall i,j,k: i < j < k, \forall t \qquad (4-5)$$

对于扰动项构建的协峰度检验，在原假设下我们有

$$H3_0: E(\eta_{it}\eta_{jt}\eta_{kt}\eta_{lt}) = 0, \quad \forall i,j,k,l: i<j<k<l, \forall t \qquad (4-6)$$

当混频因子模型设定正确时，我们有式（4-4）至式（4-6）成立，此时我们便可构建协方差、协偏度和协峰度的渐近分布。

首先，令 $\boldsymbol{\eta}_{[2]t}$ 表示 $P_2 \times 1$ 个包含 $\eta_{it} \cdot \eta_{jt}$ 的协方差向量，其中 $i < j$，$P_2 = N(N-1)/2!$，我们有

$$\boldsymbol{\eta}_{[2]t} = (\eta_{1t}\eta_{2t}, \cdots, \eta_{1t}\eta_{Nt}, \eta_{2t}\eta_{3t}, \cdots, \eta_{(N-1)t}\eta_{Nt})' \qquad (4-7)$$

其次，令 $\boldsymbol{\eta}_{[3]t}$ 表示 $P_3 \times 1$ 个包含 $\eta_{it} \cdot \eta_{jt} \cdot \eta_{kt}$ 的协偏度向量，其中 $i < j < k$，$P_3 = N(N-1)(N-2)/3!$，我们有

$$\begin{aligned}\boldsymbol{\eta}_{[3]t} = (&\eta_{1t}\eta_{2t}\eta_{3t}, \cdots, \eta_{1t}\eta_{2t}\eta_{Nt}, \\ &\eta_{1t}\eta_{3t}\eta_{4t}, \cdots, \eta_{(N-2)t}\eta_{(N-1)t}\eta_{Nt})' \end{aligned} \qquad (4-8)$$

最后，令 $\boldsymbol{\eta}_{[4]t}$ 表示 $P_4 \times 1$ 个包含 $\eta_{it} \cdot \eta_{jt} \cdot \eta_{kt} \cdot \eta_{lt}$ 的协峰度向量，其中 $i < j < k < l$，$P_4 = N(N-1)(N-2)(N-3)/4!$，我们有

$$\begin{aligned}\boldsymbol{\eta}_{[4]t} = (&\eta_{1t}\eta_{2t}\eta_{3t}\eta_{4t}, \cdots, \eta_{1t}\eta_{2t}\eta_{3t}\eta_{Nt}, \\ &\eta_{1t}\eta_{3t}\eta_{4t}\eta_{5t}, \cdots, \eta_{(N-3)t}\eta_{(N-2)t}\eta_{(N-1)t}\eta_{Nt})' \end{aligned} \qquad (4-9)$$

可以发现，在模型恰当设定的条件下，向量 $\boldsymbol{\eta}_{[2]t}$、$\boldsymbol{\eta}_{[3]t}$ 和 $\boldsymbol{\eta}_{[4]t}$ 的期望值均为0且协方差矩阵为单位矩阵。根据中心极限定理，$\boldsymbol{\eta}_{[2]t}$、$\boldsymbol{\eta}_{[3]t}$ 和 $\boldsymbol{\eta}_{[4]t}$ 中各独立成分下的均值有如下渐近分布：

$$\boldsymbol{\eta}_{[2]} = \frac{1}{T}\sum_{t=1}^{T}\boldsymbol{\eta}_{[2]t} \xrightarrow{d} N_{P_2}(0, \boldsymbol{I}_{P_2}/T)$$

$$\boldsymbol{\eta}_{[3]} = \frac{1}{T}\sum_{t=1}^{T} \boldsymbol{\eta}_{[3]t} \xrightarrow{d} N_{p_3}(\mathbf{0}, \boldsymbol{I}_{p_3}/T)$$

$$\boldsymbol{\eta}_{[4]} = \frac{1}{T}\sum_{t=1}^{T} \boldsymbol{\eta}_{[4]t} \xrightarrow{d} N_{p_4}(\mathbf{0}, \boldsymbol{I}_{p_4}/T) \qquad (4\text{-}10)$$

其中 $\boldsymbol{I}_p$ 是维数为 p 的单位矩阵。

由此可见，随着样本量的增加，本书构建的 $\boldsymbol{\eta}_{[2]}$、$\boldsymbol{\eta}_{[3]}$ 和 $\boldsymbol{\eta}_{[4]}$ 渐近服从多元正态分布，其均值向量为0，协方差矩阵为仅包含对角元素 $1/T$ 的对角矩阵。

4.1.3 模型正确设定下已估高阶矩分布

为了检验式（4-4）至式（4-6）原假设 $H1_0$、$H2_0$ 和 $H3_0$，我们需要将不同资产对应的经标准化后的随机扰动项在时间和截面上加总。首先，我们将标准化后的随机扰动项构建的协方差、协偏度和协峰度元素按照列堆积成为向量。在实际建模中，由于其 $\boldsymbol{\eta}_{[2]t}$、$\boldsymbol{\eta}_{[3]t}$ 和 $\boldsymbol{\eta}_{[4]t}$ 的真实参数未知，因此无法直接计算。为了获得一个可行的估计量，我们建议首先估计混频因子模型的参数。对于每只股票我们分别使用 OLS 估计获得其参数估计值。对于第 i 只股票，我们有

$$\boldsymbol{R}_{i_m} = 1_T c_i + (b(L^{1/s}; \theta)\boldsymbol{F}_{t_d}^{(s)})' \boldsymbol{\beta}_i + \boldsymbol{\varepsilon}_{it_m} \qquad (4\text{-}11)$$

其中 $\boldsymbol{R}_{i_m} = (R_{i1}, R_{i2}, \cdots, R_{iT})'$，$\boldsymbol{F}_{t_d}^{(s)} = (f_1, f_2, \cdots, f_K)'$ 为包含 K 个观测因子的 $K \times sT$ 矩阵，且 $\boldsymbol{\varepsilon}_{it_m} = (\varepsilon_{i1}, \varepsilon_{i2}, \cdots, \varepsilon_{iT})'$。

当式（4-11）使用正确的因子估计时，经标准化后的残差之间应渐近独立。相反，如果遗漏了重要因子，会导致残差之间存在高度的相依性。接下来我们提出一种检验工具，用于检验在由标准化后的残差构建的高阶矩存在稀疏性时因子模型设定是否正确。

对应的通过估计得到的标准化残差可以用如下形式表示：

$$\hat{\boldsymbol{\eta}}_{i_m} = \hat{\boldsymbol{\Delta}}^{-\frac{1}{2}}(\boldsymbol{R}_{i_m} - \hat{c} - \hat{\boldsymbol{B}}\boldsymbol{F}_{t_d}^{(s)}) \qquad (4\text{-}12)$$

其中 $\hat{c}$ 和 $\hat{\boldsymbol{B}}$ 分别为使用 OLS 估计的截距项和因子载荷，$\hat{\boldsymbol{\Delta}}$ 为回归中残差的

协方差阵。

此时我们可以构建估计的协方差、协偏度和协峰度统计量：

$$\hat{\boldsymbol{\eta}}_{[2]} = \frac{1}{T}\sum_{t=1}^{T}\hat{\boldsymbol{\eta}}_{[2]t} \quad \hat{\boldsymbol{\eta}}_{[3]} = \frac{1}{T}\sum_{t=1}^{T}\hat{\boldsymbol{\eta}}_{[3]t} \quad \hat{\boldsymbol{\eta}}_{[4]} = \frac{1}{T}\sum_{t=1}^{T}\hat{\boldsymbol{\eta}}_{[4]t} \quad (4-13)$$

其中，$\hat{\boldsymbol{\eta}}_{[2]}$ 表示 $P_2 \times 1$ 个包含 $\hat{\eta}_{it} \cdot \hat{\eta}_{jt}$ 的协方差向量，且 $i<j$；$\hat{\boldsymbol{\eta}}_{[3]}$ 表示 $P_3 \times 1$ 个包含 $\hat{\eta}_{it} \cdot \hat{\eta}_{jt} \cdot \hat{\eta}_{kt}$ 的协偏度向量，且 $i<j<k$；$\hat{\boldsymbol{\eta}}_{[4]}$ 表示 $P_4 \times 1$ 个包含 $\hat{\eta}_{it} \cdot \hat{\eta}_{jt} \cdot \hat{\eta}_{kt} \cdot \hat{\eta}_{lt}$ 的协峰度向量，且 $i<j<k<l$。在实际建模中，部分学者可能更加关注各阶矩的联合检验，因此本书给出了另外两种更为常用的统计量，通过将式（4-13）中协方差和协偏度向量拉直成一个新的列向量，我们可以获得包含二阶矩和三阶矩的联合检验统计量：

$$\hat{\boldsymbol{\eta}}_{[5]} = \frac{1}{T}\sum_{t=1}^{T}\hat{\boldsymbol{\eta}}_{[5]t} \quad (4-14)$$

其中 $\hat{\boldsymbol{\eta}}_{[5]} = (\hat{\boldsymbol{\eta}}_{[2]}, \hat{\boldsymbol{\eta}}_{[3]})'$。同理，若我们将式（4-13）中协方差、协偏度和协峰度共同拉直为一个新的列向量，我们便可以获得包含二阶、三阶和四阶各阶矩的联合检验统计量：

$$\hat{\boldsymbol{\eta}}_{[6]} = \frac{1}{T}\sum_{t=1}^{T}\hat{\boldsymbol{\eta}}_{[6]t} \quad (4-15)$$

其中 $\hat{\boldsymbol{\eta}}_{[6]} = (\hat{\boldsymbol{\eta}}_{[2]}, \hat{\boldsymbol{\eta}}_{[3]}, \hat{\boldsymbol{\eta}}_{[4]})'$。

此时，我们便可利用已获得的估计向量 $\hat{\boldsymbol{\eta}}_{[2]}$、$\hat{\boldsymbol{\eta}}_{[3]}$、$\hat{\boldsymbol{\eta}}_{[4]}$、$\hat{\boldsymbol{\eta}}_{[5]}$ 和 $\hat{\boldsymbol{\eta}}_{[6]}$ 构建 Wald 统计量和 Gumbel 统计量。在给出两种统计量的具体形式之前，我们需要证明在何种条件下由样本估计得到的统计量 $\hat{\boldsymbol{\eta}}_{[2]}$、$\hat{\boldsymbol{\eta}}_{[3]}$、$\hat{\boldsymbol{\eta}}_{[4]}$、$\hat{\boldsymbol{\eta}}_{[5]}$ 和 $\hat{\boldsymbol{\eta}}_{[6]}$ 会收敛到 $\boldsymbol{\eta}_{[2]}$、$\boldsymbol{\eta}_{[3]}$、$\boldsymbol{\eta}_{[4]}$、$\boldsymbol{\eta}_{[5]}$ 和 $\boldsymbol{\eta}_{[6]}$，此时估计向量具有均值向量为0、协方差矩阵为单位矩阵的多元正态分布。

令 $\boldsymbol{b} = (c, vec(\boldsymbol{B}), \sigma_1, \cdots, \sigma_N)'$ 为参数向量，$\hat{\boldsymbol{b}}$ 为对应的估计值。若估计向量 $\hat{\boldsymbol{\eta}}_{[2]}$、$\hat{\boldsymbol{\eta}}_{[3]}$、$\hat{\boldsymbol{\eta}}_{[4]}$、$\hat{\boldsymbol{\eta}}_{[5]}$ 和 $\hat{\boldsymbol{\eta}}_{[6]}$ 由向量 $\boldsymbol{b}$ 构建，此时向量 $\hat{\boldsymbol{\eta}}_{[2]}$、$\hat{\boldsymbol{\eta}}_{[3]}$、$\hat{\boldsymbol{\eta}}_{[4]}$、$\hat{\boldsymbol{\eta}}_{[5]}$ 和 $\hat{\boldsymbol{\eta}}_{[6]}$ 和向量 $\boldsymbol{\eta}_{[2]}$、$\boldsymbol{\eta}_{[3]}$、$\boldsymbol{\eta}_{[4]}$、$\boldsymbol{\eta}_{[5]}$ 和 $\boldsymbol{\eta}_{[6]}$ 是一致的。可

以证明 $\hat{\eta}_{[2]}$、$\hat{\eta}_{[3]}$、$\hat{\eta}_{[4]}$、$\hat{\eta}_{[5]}$ 和 $\hat{\eta}_{[6]}$ 均为 U 型统计量，根据 Randles（1982）提出的方法，基于样本构建统计量的渐近分布是否受到影响主要取决于其关于参数导数的极限均值是否为 0。因此，在下述一阶近似条件成立时，检验统计量 $\hat{\eta}_{[2]}$、$\hat{\eta}_{[3]}$、$\hat{\eta}_{[4]}$、$\hat{\eta}_{[5]}$ 和 $\hat{\eta}_{[6]}$ 的渐近分布独立于因子载荷估计值所可能带来的不确定性。

命题1. 统计量 $\hat{\eta}_{[j]}$，$j=2,3,4,5,6$，可由如下一阶泰勒展开进行近似：

$$\sqrt{T}\,\hat{\boldsymbol{\eta}}_{[j]} = \sqrt{T}\,\boldsymbol{\eta}_{[j]} + \boldsymbol{\mu}_{[j]}\sqrt{T}(\hat{\boldsymbol{b}} - \boldsymbol{b}) + o_p(1)\,1 \quad (4-16)$$

其中 $\boldsymbol{\eta}_{[j]}$ 在 $\boldsymbol{b}$ 处可微，$\hat{\boldsymbol{b}}$ 是 $\boldsymbol{b}$ 的一致估计量，且 $\boldsymbol{\mu}_{[j]} = \lim_{T\to\infty} E[\partial \boldsymbol{\eta}_{[j]}/\partial \boldsymbol{b}]$。

可以发现，在命题 1 条件下当 $\boldsymbol{\mu}_{[j]} = 0$ 时，$\sqrt{T}\,\hat{\boldsymbol{\eta}}_{[j]}$ 的渐近分布与 $\sqrt{T}\,\boldsymbol{\eta}_{[j]}$ 一致。因此我们可以证明在混频因子模型中 $\boldsymbol{\eta}_{[2]}$、$\boldsymbol{\eta}_{[3]}$、$\boldsymbol{\eta}_{[4]}$、$\boldsymbol{\eta}_{[5]}$ 和 $\boldsymbol{\eta}_{[6]}$ 关于所有参数（包括截距项 c、因子载荷和扰动项方差）的导数的期望为 0，即：

$$\lim_{T\to\infty} E\left[\frac{\partial \boldsymbol{\eta}_{[2]}}{\partial \boldsymbol{b}}\right] = \lim_{T\to\infty} E\left[\frac{\partial \boldsymbol{\eta}_{[3]}}{\partial \boldsymbol{b}}\right] = \lim_{T\to\infty} E\left[\frac{\partial \boldsymbol{\eta}_{[4]}}{\partial \boldsymbol{b}}\right] = \lim_{T\to\infty} E\left[\frac{\partial \boldsymbol{\eta}_{[5]}}{\partial \boldsymbol{b}}\right]$$

$$= \lim_{T\to\infty} E\left[\frac{\partial \boldsymbol{\eta}_{[6]}}{\partial \boldsymbol{b}}\right] = 0 \quad (4-17)$$

出于简便且不失一般性，我们假定混频多因子模型有如下一般形式：

$$R_{it_m} = c_i + \boldsymbol{\beta}_i b(L^{1/s};\theta) \boldsymbol{F}_{t_d}^{(s)} + \sigma_i \eta_{it_m}$$

关于协方差项我们对 c_i、$\boldsymbol{\beta}_i$ 和 σ_i 关于 $\boldsymbol{\eta}_{[2]}$ 求导，有

$$\frac{\partial \boldsymbol{\eta}_{[2]}}{\partial c_h} = \begin{cases} -\dfrac{1}{T}\sum_{t=1}^{T} \eta_{jt}/\sigma_i, & h=i \\ -\dfrac{1}{T}\sum_{t=1}^{T} \eta_{it}/\sigma_j, & h=j \\ 0, & h \neq i,j \end{cases} \quad (4-18)$$

$$\frac{\partial \boldsymbol{\eta}_{[2]}}{\partial \boldsymbol{\beta}_h} = \begin{cases} -\frac{1}{T}\sum_{t=1}^{T} F_t \eta_{jt}/\sigma_i, & h=i \\ -\frac{1}{T}\sum_{t=1}^{T} F_t \eta_{it}/\sigma_j, & h=j \\ 0, & h \neq i,j \end{cases} \qquad (4-19)$$

且

$$\frac{\partial \boldsymbol{\eta}_{[2]}}{\partial \sigma_h} = \begin{cases} -\frac{1}{T}\sum_{t=1}^{T} \eta_{it}\eta_{jt}/\sigma_i, & h=i \\ -\frac{1}{T}\sum_{t=1}^{T} \eta_{it}\eta_{it}/\sigma_j, & h=j \\ 0, & h \neq i,j \end{cases} \qquad (4-20)$$

因此，在使用迭代期望法则后 $E[\eta_{it}] = 0$ 和 $E[F_i\eta_{it}] = 0$，有 $\lim_{T\to\infty} E[\partial \boldsymbol{\eta}_{[2]}/\partial c_i] = 0$ 和 $\lim_{T\to\infty} E[\partial \boldsymbol{\eta}_{[2]}/\partial \beta_i] = 0$，同时对于 $\forall i \neq j$ 有 $E[\eta_{it}\eta_{jt}] = 0$，所以 $\lim_{T\to\infty} E[\partial \boldsymbol{\eta}_{[2]}/\partial \sigma_i] = 0$。令 $\boldsymbol{b} = [c, vec(\boldsymbol{B}), (\sigma_1, \cdots, \sigma_n)]'$，我们便有 $\lim_{T\to\infty} E[\partial \boldsymbol{\eta}_{[2]}/\boldsymbol{b}] = 0$。

对于协偏度项，在 $i<j<k$ 时，$\hat{\boldsymbol{\eta}}_3 = \frac{1}{T}\sum_{t=1}^{T}\hat{\boldsymbol{\eta}}_{[3]t} = \frac{1}{T}\sum_{t=1}^{T}\hat{\eta}_{it}\hat{\eta}_{jt}\hat{\eta}_{kt}$，此时 $\boldsymbol{\eta}_{[3]} = \frac{1}{T}\sum_{t=1}^{T}\eta_{it}\eta_{jt}\eta_{kt}$。因此我们有如下结果：

$$\frac{\partial \boldsymbol{\eta}_{[3]}}{\partial c_h} = \begin{cases} -\frac{1}{T}\sum_{t=1}^{T} \eta_{jt}\eta_{kt}/\sigma_i, & h=i \\ -\frac{1}{T}\sum_{t=1}^{T} \eta_{it}\eta_{kt}/\sigma_j, & h=j \\ -\frac{1}{T}\sum_{t=1}^{T} \eta_{it}\eta_{jt}/\sigma_k, & h=k \\ 0, & h \neq i,j,k \end{cases} \qquad (4-21)$$

$$\frac{\partial \boldsymbol{\eta}_{[3]}}{\partial \boldsymbol{\beta}_h} = \begin{cases} -\frac{1}{T}\sum_{t=1}^{T} F_t\,\eta_{jt}\,\eta_{kt}/\sigma_i, & h = i \\ -\frac{1}{T}\sum_{t=1}^{T} F_t\,\eta_{it}\,\eta_{kt}/\sigma_j, & h = j \\ -\frac{1}{T}\sum_{t=1}^{T} F_t\,\eta_{it}\,\eta_{jt}/\sigma_k, & h = k \\ 0, & h \neq i, j, k \end{cases} \quad (4\text{-}22)$$

且

$$\frac{\partial \boldsymbol{\eta}_{[3]}}{\partial \sigma_h} = \begin{cases} -\frac{1}{T}\sum_{t=1}^{T} \eta_{it}\,\eta_{jt}\,\eta_{kt}/\sigma_i, & h = i \\ -\frac{1}{T}\sum_{t=1}^{T} \eta_{it}\,\eta_{jt}\,\eta_{kt}/\sigma_j, & h = j \\ -\frac{1}{T}\sum_{t=1}^{T} \eta_{it}\,\eta_{jt}\,\eta_{kt}/\sigma_k, & h = k \\ 0, & h \neq i, j, k \end{cases} \quad (4\text{-}23)$$

类似地，在 $\forall i \neq j \neq k$ 时，因为 $E[\eta_{it}\,\eta_{jt}] = 0$，$E[F_t\eta_{it}\eta_{jt}] = 0$ 和 $E[\eta_{it}\,\eta_{jt}\,\eta_{kt}] = 0$，我们有 $\lim_{T\to\infty} E[\partial\boldsymbol{\eta}_{[3]}/\partial b] = 0$。

对于协峰度项，在 $i < j < k < l$ 时，$\hat{\eta}_4 = \frac{1}{T}\sum_{t=1}^{T}\hat{\eta}_{[4]t} = \frac{1}{T}\sum_{t=1}^{T}\hat{\eta}_{it}\,\hat{\eta}_{jt}\,\hat{\eta}_{kt}\,\hat{\eta}_{lt}$，此时 $\boldsymbol{\eta}_{[4]} = \frac{1}{T}\sum_{t=1}^{T}\eta_{it}\,\eta_{jt}\,\eta_{kt}\,\eta_{lt}$。此时我们有如下结果：

$$\frac{\partial \boldsymbol{\eta}_{[4]}}{\partial c_h} = \begin{cases} -\frac{1}{T}\sum_{t=1}^{T} \eta_{jt}\,\eta_{kt}\,\eta_{lt}/\sigma_i, & h = i \\ -\frac{1}{T}\sum_{t=1}^{T} \eta_{it}\,\eta_{kt}\,\eta_{lt}/\sigma_j, & h = j \\ -\frac{1}{T}\sum_{t=1}^{T} \eta_{it}\,\eta_{jt}\,\eta_{lt}/\sigma_k, & h = k \\ -\frac{1}{T}\sum_{t=1}^{T} \eta_{it}\,\eta_{jt}\,\eta_{kt}/\sigma_l, & h = l \\ 0, & h \neq i, j, k, l \end{cases} \quad (4\text{-}24)$$

$$\frac{\partial \boldsymbol{\eta}_{[4]}}{\partial \boldsymbol{\beta}_h'} = \begin{cases} -\frac{1}{T}\sum_{t=1}^{T} F_t \eta_{jt} \eta_{kt} \eta_{lt} / \sigma_i, & h=i \\ -\frac{1}{T}\sum_{t=1}^{T} F_t \eta_{it} \eta_{kt} \eta_{lt} / \sigma_j, & h=j \\ -\frac{1}{T}\sum_{t=1}^{T} F_t \eta_{it} \eta_{jt} \eta_{lt} / \sigma_k, & h=k \\ -\frac{1}{T}\sum_{t=1}^{T} F_t \eta_{it} \eta_{jt} \eta_{kt} / \sigma_l, & h=l \\ 0, & h \neq i,j,k,l \end{cases} \qquad (4-25)$$

且

$$\frac{\partial \boldsymbol{\eta}_{[4]}}{\partial \sigma_h} = \begin{cases} -\frac{1}{T}\sum_{t=1}^{T} \eta_{it} \eta_{jt} \eta_{kt} \eta_{lt} / \sigma_i, & h=i \\ -\frac{1}{T}\sum_{t=1}^{T} \eta_{it} \eta_{jt} \eta_{kt} \eta_{lt} / \sigma_j, & h=j \\ -\frac{1}{T}\sum_{t=1}^{T} \eta_{it} \eta_{jt} \eta_{kt} \eta_{lt} / \sigma_k, & h=k \\ -\frac{1}{T}\sum_{t=1}^{T} \eta_{it} \eta_{jt} \eta_{kt} \eta_{lt} / \sigma_l, & h=l \\ 0, & h \neq i,j,k,l \end{cases} \qquad (4-26)$$

类似地，在 $\forall i \neq j \neq k \neq l$ 时，因为 $E[\eta_{it}\eta_{jt}\eta_{kt}] = 0$，$E[F_t\eta_{it}\eta_{jt}\eta_{kt}] = 0$ 和 $E[\eta_{it}\eta_{jt}\eta_{kt}\eta_{lt}] = 0$，我们有 $\lim_{T\to\infty} E[\partial \boldsymbol{\eta}_{[4]}/\partial \boldsymbol{b}] = 0$。

最后，如果我们将二阶矩和三阶矩或二阶矩、三阶矩和四阶矩合并，有 $\hat{\boldsymbol{\eta}}_{[5]} = \frac{1}{T}\sum_{t=1}^{T} \hat{\boldsymbol{\eta}}_{[5]t}$ [当 $\hat{\boldsymbol{\eta}}_{[5]t} = (\hat{\boldsymbol{\eta}}_{[2]t}, \hat{\boldsymbol{\eta}}_{[3]t})'$ 时] 和 $\hat{\boldsymbol{\eta}}_{[6]} = \frac{1}{T}\sum_{t=1}^{T} \hat{\boldsymbol{\eta}}_{[6]t}$ [当 $\hat{\boldsymbol{\eta}}_{[6]t} = (\hat{\boldsymbol{\eta}}_{[2]t}, \hat{\boldsymbol{\eta}}_{[3]t}, \hat{\boldsymbol{\eta}}_{[4]t})'$] 时，此时我们便有联合检验下的极限结果，$\lim_{T\to\infty} E[\partial \boldsymbol{\eta}_{[5]}/\partial \boldsymbol{b}] = \lim_{T\to\infty} E[\partial \boldsymbol{\eta}_{[6]}/\partial \boldsymbol{b}] = 0$。因此，由 Randles (1982)，本书基于样本构建统计量的渐近分布中其关于参数导数的极限均值为 0，我们可以获得如下结论：

结论 1：当收益率数据由混频因子模型式（3-12）生成且命题 1 成立

时，我们可知由式（4-13）至式（4-15）定义的 $\hat{\boldsymbol{\eta}}_{[2]}$、$\hat{\boldsymbol{\eta}}_{[3]}$、$\hat{\boldsymbol{\eta}}_{[4]}$、$\hat{\boldsymbol{\eta}}_{[5]}$ 和 $\hat{\boldsymbol{\eta}}_{[6]}$ 统计量的分布渐近服从多元正态分布，其均值向量为0并且协方差矩阵为元素均为 $1/T$ 的对角矩阵。

4.2 混频因子模型高阶矩因子个数识别检验

基于如上结论，我们可以采用多种方法对式（4-4）至式（4-6）的稀疏性特征进行检验。在本节，我们分别基于参数方法和非参数方法提出两种统计检验方法：Wald 检验和 Gumbel 检验。

4.2.1 Wald 检验

Wald 检验可以用来判断协方差向量 $\boldsymbol{\eta}_{[2]}$、协偏度向量 $\boldsymbol{\eta}_{[3]}$ 以及协峰度向量 $\boldsymbol{\eta}_{[4]}$ 在其对应估计值处 $\hat{\boldsymbol{\eta}}_{[2]}$、$\hat{\boldsymbol{\eta}}_{[3]}$ 和 $\hat{\boldsymbol{\eta}}_{[4]}$ 的期望是否渐近为0。根据结论1，在模型设定正确的原假设下，$\hat{\boldsymbol{\eta}}_{[2]}$、$\hat{\boldsymbol{\eta}}_{[3]}$、$\hat{\boldsymbol{\eta}}_{[4]}$、$\hat{\boldsymbol{\eta}}_{[5]}$ 和 $\hat{\boldsymbol{\eta}}_{[6]}$ 的平方和渐近收敛于卡方分布且其对应的自由度分别为 P_2、P_3、P_4、P_2+P_3 和 $P_2+P_3+P_4$，当可观测样本量 $T\to\infty$ 时，我们有

$$W_{[2]} = T\hat{\boldsymbol{\eta}}'_{[2]}\hat{\boldsymbol{\eta}}_{[2]} \xrightarrow{d} \chi^2_{P_2}$$

$$W_{[3]} = T\hat{\boldsymbol{\eta}}'_{[3]}\hat{\boldsymbol{\eta}}_{[3]} \xrightarrow{d} \chi^2_{P_3}$$

$$W_{[4]} = T\hat{\boldsymbol{\eta}}'_{[4]}\hat{\boldsymbol{\eta}}_{[4]} \xrightarrow{d} \chi^2_{P_4}$$

$$W_{[5]} = T\hat{\boldsymbol{\eta}}'_{[5]}\hat{\boldsymbol{\eta}}_{[5]} \xrightarrow{d} \chi^2_{P_2+P_3}$$

$$W_{[6]} = T\hat{\boldsymbol{\eta}}'_{[6]}\hat{\boldsymbol{\eta}}_{[6]} \xrightarrow{d} \chi^2_{P_2+P_3+P_4} \tag{4-27}$$

需要说明的是，随着资产个数的增加，高阶矩矩阵的维数会以几何倍数快速增加，许多已知方法（如 M 类估计）往往容易失效，在高维条件下，较少的异常值便会导致估计结果变差（Hardin 和 Rocke，2005）。因此

Wald 检验在高维条件下进行统计推断可能会带来较大的偏差。

4.2.2 Gumbel 检验

为了解决 Wald 检验在高维条件下的稳健性问题，本书提出另外一种检验方法，Gumbel 检验。Gumbel 检验作为非参数检验，往往被广泛用于分析极值事件。在使用 Gumbel 检验之前，我们需要对标准化残差项 $\hat{\eta}_t$ 做正态得分变换。具体的计算方式可以表示为其对应的秩在标准正态分布中的分位数函数 Φ^{-1}，即：

$$\hat{\zeta}_t = \Phi^{-1}\left(\frac{\hat{k}_t}{T+1}\right) \tag{4-28}$$

其中 $\hat{k}_t$ 表示向量 $\hat{\eta}_t$ 中对应元素的秩向量。

可以发现，由于该方法使用了秩统计量，因此该变换法可以有效避免极端值对于统计量的影响，且同时仍保留了原始数据的相依特征，该变换有时也被称为 Van Der Waerden 得分变换或正态得分变换，并已被广泛应用于获得稳健相关估计量（Hajek，Sidak 和 Sen，1967；Iman 和 Conover，1982；Boudt，Cornelissen 和 Croux，2012）。与之前算法一致，我们也可以使用相同的方法计算出对应的二阶矩、三阶矩和四阶矩统计量：

$$\hat{\zeta}_{[2]} = \frac{1}{T}\sum_{t=1}^{T}\hat{\zeta}_{[2]t}\hat{\zeta}_{[3]} = \frac{1}{T}\sum_{t=1}^{T}\hat{\zeta}_{[3]t}\hat{\zeta}_{[4]} = \frac{1}{T}\sum_{t=1}^{T}\hat{\zeta}_{[4]t} \tag{4-29}$$

其中 $\hat{\zeta}_{[2]t}$ 为包含 $\hat{\zeta}_{it} \cdot \hat{\zeta}_{jt}$ 且 $i<j$ 的 $P_2 \times 1$ 向量；$\hat{\zeta}_{[3]t}$ 为包含 $\hat{\zeta}_{it} \cdot \hat{\zeta}_{jt} \cdot \hat{\zeta}_{kt}$ 且 $i<j<k$ 的 $P_3 \times 1$ 向量；$\hat{\zeta}_{[4]t}$ 为包含 $\hat{\zeta}_{it} \cdot \hat{\zeta}_{jt} \cdot \hat{\zeta}_{kt} \cdot \hat{\zeta}_{lt}$ 且 $i<j<k<l$ 的 $P_4 \times 1$ 向量。

Gumbel 检验的非参数性质决定了其在中高维时会具有较好的渐近性质。其对应的检验统计量可表示为

$$G_{[2]} = \frac{\max_i |\hat{\zeta}_{[2]i} - C_{p_2}|}{S_{P_2}} \xrightarrow{d} \text{Gumbel}$$

$$G_{[3]} = \frac{\max_i \left| \hat{\zeta}_{[3]i} - C_{p_3} \right|}{S_{P_3}} \xrightarrow{d} \text{Gumbel}$$

$$G_{[4]} = \frac{\max_i \left| \hat{\zeta}_{[4]i} - C_{p_4} \right|}{S_{P_4}} \xrightarrow{d} \text{Gumbel}$$

$$G_{[5]} = \frac{\max_i \left| \hat{\zeta}_{[5]i} - C_{p_2+p_3} \right|}{S_{p_2+p_3}} \xrightarrow{d} \text{Gumbel}$$

$$G_{[6]} = \frac{\max_i \left| \hat{\zeta}_{[6]i} - C_{p_2+p_3+p_4} \right|}{S_{p_2+p_3+p_4}} \xrightarrow{d} \text{Gumbel} \qquad (4-30)$$

其中，$C_m = (2\log m)^{0.5} - \log(\pi) + \log(\log m)/2(2\log m)^{0.5}$ 仅与维数有关，且 $S_m = 1/2(\log m)^{0.5}$；m 表示其对应各阶矩矩阵的维数，且犯第一类错误时概率 α 对应的临界值可由 $-\log[-\log(1-\alpha)]$ 计算得到。

4.3　混频因子模型最优因子个数筛选策略

在实际建模过程中，存在大量不同类型的因子可供使用。本书在构建混频因子模型时，采用了基于基本面构建的可观测的 Fama-French 五因子（Fama 和 French，2015）模型作为初始选择模型，该模型同时嵌套了经典的 Fama-French 三因子（Fama 和 French，1993）模型和 Sharpe 单指数（Sharpe，1963）模型。Fan 等（2008，2019）研究发现，可观测的 Fama-French 三因子可以很好地用于估计高维协方差矩阵。在 Fama-French 因子模型对中国股票市场的解释能力方面，李志冰等（2017）通过使用 Fama-French 五因子模型对中国股票市场进行了实证检验，结果发现五因子模型具有非常强的解释能力，比 CAPM、三因子及 Carhart 四因子模型表现更好。在最优因子筛选方法上，我们建议首先使用所有的五个高频因子估计高阶矩模型，然后依次减少高频因子个数并采用 Wald 和 Gumbel 检验判断，当检验统计量拒绝原假设时，即表明此时由扰动项构建的高阶矩期望值与 0 存在显著性差异，这意味着上一步使用的因子数量即为最优的因子个数。这种由一般到特殊的因子选择过程已经在回归分析中被广泛使用（Krolzig 和 Hendry，2001；Lu 等，2019）。在本书后续蒙特卡洛模拟研究中，我们将会给出在估计高阶矩矩阵时如何使用该方法选择最优的高频因子个数。

4.4 数据处理与说明

为了保证本书中的研究具有代表性，反映中国市场中可能存在的高阶矩特征，我们从具有代表性的沪深 300 成分股中选出部分股票作为研究对象，考虑到部分股票上市较晚，因而样本观测数量有限。在尽量保证观测样本足够多的条件下我们最终选取了 73 家公司股票作为构建投资组合的备选股票，包含了时间长度从 1998 年 1 月至 2018 年 9 月共 249 个月的月度数据。对于因子数据，我们采用 Fama 和 French（2015）提出的五因子模型中使用的因子，即市场风险溢价因子（market）、市值因子（size）、账面市值比因子（value）、盈利因子（profitability）和投资模式因子（investment）共五个因子的日度数据作为解释变量，同时选择央行公布的三个月定存基准利率作为市场无风险利率[①]。考虑到 MIDAS 模型中频率倍差 s 不具有时变特征，而不同月份内实际交易日长度并不固定，为了保证混频模型可行，需要对每个自然月内的可观测的日度观测样本数量进行调整。对于高频因子解释变量相对于低频收益率被解释变量倍差的设定方面，表 4-1 汇总了 1998 年 1 月至 2018 年 9 月样本期间内不同月份交易日数量的描述统计结果。

[①] Fama-French 五因子根据投资组合类型以及加权方法的不同存在多种可供使用的数据，本书使用较为常用的 2×3 投资组合划分方法作为投资组合类型，选择经过流通市值加权的各个因子作为实际分析使用的因子。

表 4-1 各月内交易日数量描述统计结果

样本个数	最大值	最小值	均值	众数	中位数	偏度	峰度
5 027	23	7	20.194	22	21	−1.510	5.860

由表 4-1 各月内交易日数量的描述统计结果可知,在使用的样本区间内实际交易天数为 5 027 天,每个自然月内交易日最多时达到了 23 天,最少仅有 7 天,且交易日数据存在明显的左偏特征。考虑到中位数在非对称数据类型中更具有代表性,因此我们设定频率倍差 $s = 21$,并对每个自然月内的日度数据进行了如下调整:对当月内日度因子观测数据中交易日多于 21 天的将月初交易日进行剔除,对于部分月度内日度因子观测数据交易日少于 21 天的使用上个月月末数据进行补足,最终保证月度对日度的频率倍差固定在 $s = 21$。本书所使用的数据均来自 CSMAR 经济金融研究数据库[①]。

4.5 蒙特卡洛模拟研究

在本节中我们使用蒙特卡洛模拟来研究本书提出的 Wald 统计量和 Gumbel 统计量的有限样本性质。这里不妨假定最多五个高频因子 $F_i^{(s)}$ 便可足够且能准确估计高阶矩矩阵。特别地,若高频因子 $F_j^{(s)}$ 已经被包含在混频因子模型中,则对于 $i < j$ 的所有高频因子 $F_i^{(s)}$ 也必然被包含在该模型中。此处使用 K_0 表示混频因子模型真实的高频因子个数,K_a 表示实际使用的高频因子个数。当 $K_0 = K_a$ 时,真实因子个数与实际使用的因子个数相等,即表明模型被正确设定,此时我们给出两种方法的检验水平(size);当 $K_a < K_0$ 时,即表明存在遗漏变量问题,此时我们给出检验方法的检验功效(power)。在证券投资组合构建中,实际使用的股票数量往往可大可小。鉴于此,我们设定投资组合中资产数量可能的个数分别为 5、15 和

---

① CSMAR 经济金融研究数据库网址:http://cn.gtadata.com/.

30，并通过控制 T/N 比分别为 10、50、250、1 000 时来研究本书提出的统计量在高维、中维和低维时能否始终保持稳健性。在模型扰动项设定部分，我们分别考虑了新息项为独立同分布（i. i. d.）的正态分布和（i. i. d.）的有偏学生 t（skew-t）分布两种可能情况。

在模拟部分我们从具有较大市值规模的股票中选取 30 只作为被解释变量，时间跨度为 1998 年 1 月至 2018 年 9 月的 249 个样本，解释变量为使用 Fama 和 French（1993，2015）方法构建的五个因子[①]，在参数校准中，我们使用同频的月度数据作为选择股票的依据。表 4-2 中给出了 30 个资产的月度收益率和 5 个因子的日度数据的描述统计结果。同时为了刻画变量的高阶矩特征，我们对所有股票和因子变量均使用了 skew-t 分布进行拟合，以获得其对应参数的估计结果。由表中汇总结果可以发现，本书所考虑的 30 只股票在观测期间收益率的均值均为正，从偏度特征来看仅有 4 只股票在观测期间偏度为负，表明绝大部分股票获得正的收益率的可能性高于发生损失的可能性，同时所有股票的峰度均显著大于 3，具有显著的非对称性和尖峰厚尾特征。由此可见股票收益率和因子均为非正态分布，具有明显的高阶矩特征，因此在构建 Wald 统计量和 Gumbel 统计量时有必要将高阶矩信息考虑到投资组合中。

在下文模拟设定中，我们分别考虑了 R-MIDAS 模型和 U-MIDAS 模型两种设定形式，以检验高频因子个数识别错误和约束设定错误两种情况下统计量的检验功效是否存在显著的差异性。

---

① 本书对所有股票基于五因子模型进行回归，并获得不同股票的因子载荷，通过将因子载荷绝对值之和由大到小排序，选择前 30 只具有最大因子载荷的股票作为参数校准的股票。通过筛选，最终获得并使用的 30 只股票分别为：东方明珠（600637）、国新健康（000503）、同方股份（600100）、上海医药（601607）、山西汾酒（600809）、长江证券（000783）、国元证券（000728）、中兴通讯（000063）、特变电工（600089）、辽宁成大（600739）、海通证券（600837）、国投资本（600061）、鹏博士（600804）、国投电力（600886）、中航飞机（000768）、北新建材（000786）、国电电力（600795）、东阿阿胶（000423）、河钢股份（000709）、云南白药（000538）、万向钱潮（000559）、天茂集团（600627）、上证指数（000001）、同仁堂（600085）、吉林敖东（000623）、启迪桑德（000826）、国金证券（600109）、中金岭南（000060）、北方稀土（600111）和五粮液（000858）。

表 4-2 30 只股票月度收益率和 5 个日度因子的描述统计结果

公司名称	最小值	均值	最大值	标准差	$\hat{\mu}$	$\hat{\sigma}$	$\hat{\nu}$	$\hat{\zeta}$
东方明珠	-0.440	0.012	0.987	0.157	0.010	0.158	3.888	1.113
国新健康	-0.501	0.021	1.359	0.193	0.017	0.188	4.184	1.096
同方股份	-0.564	0.006	1.262	0.161	0.004	0.159	3.262	1.080
上海医药	-0.385	0.011	0.761	0.121	0.009	0.126	3.323	1.343
山西汾酒	-0.499	0.016	0.361	0.124	0.017	0.124	9.224	1.076
长江证券	-0.400	0.014	2.865	0.232	0.004	0.168	3.000	1.191
国元证券	-0.426	0.016	2.593	0.229	0.005	0.171	3.000	1.169
中兴通讯	-0.584	0.009	0.888	0.140	0.009	0.143	3.366	1.018
特电变工	-0.539	0.005	0.507	0.133	0.009	0.149	3.091	1.212
辽宁成大	-0.437	0.011	1.421	0.179	0.008	0.169	3.000	1.130
海通证券	-0.542	0.020	2.450	0.229	0.014	0.184	3.000	1.088
国投资本	-0.499	0.011	1.359	0.166	0.010	0.170	3.000	1.140
鹏博士	-0.445	0.016	0.970	0.170	0.012	0.169	4.038	1.062
国投电力	-0.487	0.002	0.567	0.127	0.002	0.131	3.000	1.002
中航飞机	-0.503	0.011	0.719	0.138	0.013	0.153	3.082	1.189
北新建材	-0.636	0.010	0.708	0.143	0.013	0.160	3.024	1.218
国电电力	-0.606	0.000	0.559	0.135	0.000	0.126	3.000	1.012
东阿阿胶	-0.330	0.010	0.511	0.106	0.010	0.105	4.969	1.150
河钢股份	-0.421	0.004	0.461	0.135	0.002	0.146	3.000	1.059

表4-2(续)

公司名称	最小值	均值	最大值	标准差	$\hat{\mu}$	$\hat{\sigma}$	$\hat{\nu}$	$\hat{\zeta}$
云南白药	−0.383	0.013	0.354	0.103	0.015	0.107	4.082	1.098
万向钱潮	−0.539	0.008	0.885	0.155	0.005	0.168	3.000	1.059
天茂集团	−0.507	0.010	1.015	0.166	0.010	0.176	3.000	1.167
上证指数	−0.525	0.005	0.485	0.121	0.006	0.130	3.339	1.179
同仁堂	−0.521	0.009	0.678	0.115	0.007	0.120	3.000	0.983
吉林敖东	−0.439	0.010	1.040	0.157	0.008	0.166	3.000	1.137
启迪桑德	−0.450	0.008	0.419	0.120	0.008	0.128	3.591	1.105
国金证券	−0.459	0.016	1.187	0.195	0.008	0.187	3.000	1.195
中金岭南	−0.489	0.008	0.481	0.157	0.010	0.164	4.245	1.077
北方稀土	−0.519	0.012	0.671	0.153	0.016	0.173	3.139	1.290
五粮液	−0.520	0.009	0.572	0.124	0.011	0.132	3.258	1.091
因子	最小值	均值	最大值	标准差	$\hat{\mu}$	$\hat{\sigma}$	$\hat{\nu}$	$\hat{\xi}$
市场因子	−0.094	0.001	0.111	0.017	0.000	0.018	3.000	0.955
市值因子	−0.072	0.000	0.054	0.008	0.000	0.007	8.668	0.829
账面市值比因子	−0.039	0.000	0.052	0.006	0.000	0.005	9.939	1.078
盈利因子	−0.030	0.000	0.053	0.006	0.000	0.005	9.909	1.116
投资模型因子	0.032	0.000	0.025	0.005	0.000	0.004	9.664	0.957

注：资产和因子收益率结果均为百分数。其中 $\hat{\mu}$ 为众数，表示位置参数，$\hat{\sigma} > 0$ 为离散参数，$\hat{\nu} > 0$ 用于刻画尾部厚度，$\hat{\zeta} > 0$ 用于刻画偏度。

4.5.1 无约束混频因子模型

(1) 模拟设定

对于统计量检验水平（size）的研究，采用无约束混频因子模型时，其模拟过程有如下几步：

第 1 步。假定 K_0 为混频因子模型数据生成过程中真实因子个数。采用有放回抽样获得观测样本个数为 $s \times T$ 的高频随机样本 $\boldsymbol{F}_t^{K_0} = (F_{1t}^{(s)}, \cdots, F_{K_0 t}^{(s)})'$。

第 2 步。使用式（3-19）的无约束混频因子模型对 30 只股票的收益率分别进行回归，并通过使用 BIC 准则选择最优的滞后阶数。以此获得残差项、截距项和因子载荷矩阵。

第 3 步。对于误差项，我们采用多元正态分布 $N[0, \mathrm{diag}(\hat{\sigma}_1^2, \cdots, \hat{\sigma}_n^2)]$ 获得观测样本为 T 的 n 维的随机样本。

第 4 步。利用 [式（3-19）] 以及估计得到的截距项和因子载荷矩阵，重新获得在假定因子为 K_0 时观测为 T 的 N 个样本收益率 $\boldsymbol{R}_t$。

第 5 步。再次利用 [式（3-19）] 使用生成的收益率 $\boldsymbol{R}_t$ 和因子样本在真实因子个数为 $\boldsymbol{F}_t^{K_0}$ 时重新进行回归，以获得因子载荷和标准化残差的估计量 $\hat{\boldsymbol{\eta}}_t$。利用式（4-27）和式（4-30）计算统计量和对应的 p 值。

在研究统计量的检验功效（power）时，仅需将步骤 5 修正为如下两种情况即可[①]：

第 5^* 步。用 U-MIDAS 模型 [式（3-19）] 对生成的收益率 $\boldsymbol{R}_t$ 和因子样本数据在使用了错误因子个数 $\boldsymbol{F}_t^{K_a}$（$K_a < K_0$）时重新进行回归，以获

---

① 在研究 U-MIDAS 型的检验功效时，还考虑了另外一种情况，即利用对参数施加约束的 R-MIDAS 模型 [式（3-21）] 使用生成的收益率 $\boldsymbol{R}_t$ 和因子样本在真实因子个数 K_0 时进行回归，以获得因子载荷和标准化残差的估计量 $\hat{\boldsymbol{\eta}}_t$。同样利用式（4-27）和式（4-30）计算统计量和对应的 p 值。由于在滞后阶数较多时，使用有约束混频因子模型可以很好地识别到高频解释变量的滞后系数，其检验功效接近于检验水平；因此书中并未给出该情况下的检验功效结果。

得因子载荷矩阵和标准化残差的估计量 $\hat{\boldsymbol{\eta}}_t$。利用式（4-27）和式（4-30）计算统计量和对应的 p 值。

第 5[**] 步。用 U-MIDAS 模型式（3-19）对生成的收益率 R_t 和因子样本在因子个数使用正确但滞后阶数被低估时重新进行回归，以获得因子载荷和标准化残差的估计量 $\hat{\boldsymbol{\eta}}_t$。利用式（4-27）和式（4-30）计算统计量和对应的 p 值。

重复上述过程 $M=1\,000$ 次，便可获得检验统计量的检验水平和检验功效的结果。

另外，我们同时对上文中扰动项考虑了另一种设定，即假定新息项为 $skew$-t 分布。通过假定式（3-12）中的误差项来自 $skew$-t 分布（Fernandez 和 Steel；1998，Lambert 和 Laurent；2001），可以更好地反映真实市场环境下扰动项中含有的高阶矩特征。其具体函数设定可表示为如下形式：

$$SKT(\varepsilon\mid\zeta,\nu)=\begin{cases}\dfrac{2}{\zeta+\dfrac{1}{\zeta}}\sigma g[\zeta(\sigma\varepsilon+\mu)\mid\nu],&\varepsilon<-\dfrac{\mu}{\sigma}\\[2ex]\dfrac{2}{\zeta+\dfrac{1}{\zeta}}\sigma g[\zeta(\sigma\varepsilon+\mu)/\zeta\mid\nu],&\varepsilon\geq-\dfrac{\mu}{\sigma}\end{cases} \quad (4\text{-}31)$$

其中 $g(\cdot\mid\nu)$ 为对称的学生 t 分布密度函数，ζ 为非对称系数，μ 和 σ^2 分别表示非标准化有偏学生分布的位置参数和离散参数，则：

$$\mu=\frac{\Gamma\left(\dfrac{\nu-1}{2}\right)\sqrt{\nu-2}}{\sqrt{\pi}\,\Gamma\left(\dfrac{\nu}{2}\right)}(\zeta-\dfrac{1}{\zeta}) \quad (4\text{-}32)$$

且

$$\sigma^2=\left(\zeta^2+\dfrac{1}{\zeta^2}-1\right)-\mu^2 \quad (4\text{-}33)$$

$skew$-t 分布具有如下几个优点：第一，$skew$-t 分布可以十分灵活地对数据的偏度和厚尾特征建模；第二，在 t 分布基础上额外引入的两个参数有着明确的含义；第三，在实证研究中具有很好的可行性（Fernandez 和 Steel；1998）。

在模拟设定中，除第3步将扰动项假定为 skew-t 分布外，其他部分模拟过程与之前一致，此时第3步可替换为：

第 3^* 步。skew-t 分布 $SKT(\hat{\mu}_i, \hat{\sigma}_i, \hat{\nu}_i, \hat{\zeta}_i)$ 生成观测样本容量为 T 的误差项，并将标准化后的误差项作为参数校准样本。

我们同样重复上述过程 $M=1\ 000$ 次以获得检验统计量的检验水平和检验功效的结果。

最终，我们对因子选择方法的准确性进行评价。通过分别进行 $K_a=5$、$K_a=3$ 和 $K_a=1$ 的序贯检验，当选择的因子个数与原假设不再一致，即首次拒绝原假设时停止，此时选择的因子个数即为原假设不能被拒绝时对应的最小因子数量。

（2）无约束混频模型检验水平

表4-3和表4-4分别给出了蒙特卡洛模拟在扰动项分别为正态分布和 skew-t 分布时10%的显著性水平下，使用无约束混频因子模型构建 Wald 和 Gumbel 检验估计各阶矩的检验水平。为了充分考虑不同资产数目下两种统计量的检验水平，我们分别模拟了 $N=5$、15 和 30 三种情况，考虑到样本量对维数的影响，本书将 T/N 比分别设定在10、50、250 和1 000，即分别对应着高维、中维和低维时的情况。同时，在使用无约束混频因子模型估计时，为了避免高频解释变量滞后阶数选择过多而导致自由度的大量损失，我们假定高频因子解释变量均最多只包含滞后7期的信息，最后基于 BIC 准则在滞后0到7期中选择对应的最优滞后阶数估计无约束的混频因子模型。

具体来看，表4-3结果表明当扰动项为正态分布且 $N=5$ 时，随着 T/N 比的增加，Wald 检验的经验检验水平会非常接近于实际设定的水平的10%。当资产个数 $N=15$ 或 $N=30$ 且 T/N 比较小时，Wald 检验特别是在高阶矩检验方面会存在较为明显的扭曲。这是由于高阶矩中实际对应的维数要远远大于此时使用资产数量的维数 15 或 30，且 Wald 检验在高维情况下往往并不稳健，因此其效果较差。但随着可供使用的观测样本容量的增加，T/N 比随之增加，在扰动项为正态分布条件下 Wald 统计量依然会渐近趋于实际设定的检验水平的 10%。相比之下，Gumbel 检验作为非参数检验，由于其 Gumbel 统计量在维数较低时实际使用的有效样本不足，因此在 $N=5$ 时可以预见其检验水平不会理想，但随着投资组合中资产数量 N 的增加，各阶矩的维数会快速增大，可以发现其经验检验水平会逐渐趋于真实检验水平的 10%。同时可以发现，随着高频因子个数 K_0 的增加，在 T/N 比较小时检验水平会存在较为明显的差异。这是由于随着高频因子个数的增加，待估参数也会快速增加，进而影响了检验统计量的估计质量，不过随着 T/N 比的进一步增加，这一差异会逐渐减小并共同趋于实际设定的显著性水平的 10%。

表 4–3 在 10%的显著性水平下扰动项为正态分布时无约束混频模型 Wald 和 Gumbel 检验的检验水平（$M = 1000$）

N	K_0	T/N	$H1_0: E[\eta_i \eta_j] = 0$ $i < j$		$H2_0: E[\eta_i \eta_j \eta_k] = 0$ $i < j < k$		$H3_0: E[\eta_i \eta_j \eta_k \eta_l] = 0$ $i < j < k < l$		$H1_0 + H2_0$		$H1_0 + H2_0 + H3_0$	
			Wald	Gumbel	Wald	Gumbel	Wald	Gumbel	Wald	Gumbel	Wald	Gumbel
5	1	10	0.134	0.017	0.146	0.008	0.141	0.013	0.148	0.007	0.179	0.006
		50	0.099	0.051	0.128	0.049	0.110	0.029	0.102	0.057	0.114	0.058
		250	0.090	0.059	0.110	0.059	0.101	0.046	0.102	0.069	0.102	0.067
		1 000	0.095	0.062	0.094	0.063	0.085	0.047	0.091	0.071	0.090	0.069
	3	10	0.262	0.035	0.180	0.013	0.218	0.020	0.286	0.020	0.314	0.019
		50	0.115	0.052	0.117	0.050	0.113	0.034	0.119	0.059	0.132	0.054
		250	0.090	0.057	0.106	0.057	0.099	0.047	0.105	0.061	0.110	0.066
		1 000	0.098	0.060	0.096	0.057	0.081	0.048	0.090	0.071	0.088	0.069
	5	10	0.513	0.109	0.226	0.021	0.289	0.031	0.482	0.074	0.497	0.070
		50	0.138	0.061	0.120	0.042	0.110	0.039	0.136	0.060	0.144	0.060
		250	0.096	0.064	0.115	0.061	0.099	0.043	0.111	0.068	0.114	0.071
		1 000	0.096	0.064	0.096	0.059	0.083	0.047	0.089	0.070	0.083	0.071

表4-3(续)

N	K_0	T/N	$H1_0: E[\eta_i\eta_j]=0$ $i<j$		$H2_0: E[\eta_i\eta_j\eta_k]=0$ $i<j<k$		$H3_0: E[\eta_i\eta_j\eta_k\eta_l]=0$ $i<j<k<l$		$H1_0+H2_0$		$H1_0+H2_0+H3_0$	
			Wald	Gumbel	Wald	Gumbel	Wald	Gumbel	Wald	Gumbel	Wald	Gumbel
15	1	10	0.155	0.041	0.157	0.023	0.301	0.077	0.175	0.021	0.308	0.060
		50	0.098	0.062	0.118	0.056	0.183	0.080	0.124	0.064	0.198	0.068
		250	0.112	0.069	0.097	0.076	0.134	0.094	0.104	0.071	0.135	0.083
		1 000	0.097	0.097	0.098	0.092	0.097	0.087	0.096	0.095	0.108	0.095
	3	10	0.291	0.060	0.219	0.036	0.409	0.082	0.266	0.039	0.435	0.079
		50	0.115	0.068	0.119	0.056	0.209	0.099	0.117	0.058	0.219	0.086
		250	0.117	0.073	0.089	0.075	0.134	0.091	0.108	0.078	0.135	0.083
		1 000	0.100	0.096	0.099	0.092	0.106	0.085	0.097	0.095	0.107	0.091
	5	10	0.436	0.079	0.287	0.041	0.534	0.098	0.389	0.054	0.572	0.093
		50	0.138	0.066	0.119	0.058	0.225	0.095	0.140	0.064	0.224	0.089
		250	0.122	0.075	0.095	0.077	0.128	0.099	0.105	0.076	0.140	0.085
		1 000	0.098	0.095	0.099	0.095	0.103	0.087	0.097	0.100	0.105	0.096

表4-3（续）

N	K_0	T/N	$H1_0: E[\eta_i\eta_j]=0$ $i<j$		$H2_0: E[\eta_i\eta_j\eta_k]=0$ $i<j<k$		$H3_0: E[\eta_i\eta_j\eta_k\eta_l]=0$ $i<j<k<l$		$H1_0+H2_0$		$H1_0+H2_0+H3_0$	
			Wald	Gumbel	Wald	Gumbel	Wald	Gumbel	Wald	Gumbel	Wald	Gumbel
30	1	10	0.150	0.056	0.189	0.032	0.359	0.150	0.198	0.029	0.373	0.139
		50	0.115	0.064	0.107	0.083	0.274	0.097	0.112	0.078	0.285	0.100
		250	0.110	0.075	0.107	0.084	0.160	0.115	0.098	0.088	0.161	0.112
		1 000	0.089	0.093	0.096	0.096	0.109	0.095	0.094	0.084	0.117	0.096
	3	10	0.267	0.067	0.233	0.036	0.448	0.154	0.259	0.036	0.463	0.136
		50	0.132	0.073	0.105	0.085	0.285	0.099	0.124	0.081	0.294	0.100
		250	0.116	0.081	0.111	0.087	0.163	0.114	0.100	0.086	0.165	0.107
		1 000	0.090	0.096	0.096	0.099	0.109	0.094	0.098	0.090	0.113	0.090
	5	10	0.407	0.086	0.261	0.040	0.541	0.170	0.328	0.045	0.564	0.160
		50	0.157	0.078	0.098	0.085	0.297	0.104	0.125	0.078	0.301	0.100
		250	0.119	0.081	0.111	0.086	0.162	0.116	0.102	0.082	0.168	0.112
		1 000	0.092	0.096	0.094	0.098	0.110	0.099	0.097	0.092	0.111	0.095

考虑到金融资产往往具有明显的非对称性和尖峰厚尾等高阶矩特征，我们进一步放松了对扰动项为正态分布的假定，通过使用有偏学生 skew-t 分布来拟合扰动项，以便更加符合现实金融市场中的实际问题。从表 4-4 的结果可以发现，当扰动项为 skew-t 分布时，Wald 检验在各阶矩下的检验水平相对于正态分布在有限样本情况下存在一定程度上的扭曲，特别当 $N=15$ 和 30 时，由于高阶矩维数的快速增加，其扭曲程度更为明显。尽管随着 T/N 比的增加，这一扭曲会逐渐得到缓解，但相对于正态分布，其与真实检验水平差异依然明显。相比较之下，Gumbel 检验作为极值检验统计量，在资产个数 $N=5$ 时，由于其有效样本容量有限，故而检验水平并不理想，但当 $N=15$ 和 30 时，Gumbel 检验结果逐渐呈现出了更加稳健的结果，即具有更加良好的检验水平。与正态分布模拟结果类似地，可以发现在 T/N 比固定的条件下随着因子个数的增加，待估参数也会大量增加，因此检验水平在不同因子个数检验时会存在一定的差异，这一差异会随着 T/N 比的增加而逐渐减小。由此可知，无约束混频模型在有限样本下使用较多的高频解释变量不一定会提高统计量的检验水平。

（3）无约束混频模型检验功效

为了进一步检验无约束混频模型在识别原假设为错误时的能力，即犯第二类错误，表 4-5 和表 4-6 分别给出了在扰动项为正态分布条件下 Wald 检验和 Gumbel 检验在 10% 显著性水平下检验功效的两种结果，分别对应使用了错误（低估）因子个数和错误（低估）滞后阶数两种情况。其中在使用无约束混频因子模型的前提下，使用错误滞后阶数的无约束混频模型在本质上依旧可以看作遗漏解释变量问题。类似地，表 4-7 和表 4-8 分别给出了在扰动项为 skew-t 分布条件下 Wald 检验和 Gumbel 检验在 10% 显著性水平下检验功效的两种结果。

具体来看，表 4-5 给出了在 10% 的显著性水平下扰动项为正态分布遗漏高频解释变量时 Wald 和 Gumbel 的检验功效。具体来看，当资产个数较少，如 $N=5$ 且 T/N 比较小时各阶矩对应的检验功效均很小，但随着 T/N 比的快速增加，除协峰度检验外各阶矩的势均会出现显著的提升。同时可以发现，协峰度检验功效会随着 N 的增加而快速增加，当 $N=15$ 和 30 时，随着 T/N 比值的增加各阶矩检验的功效均会更加明显地快速趋于 1，且随着资产维数的增加功效趋于 1 的速度加快。另外可以发现，Wald 检验在给定 T/N 比下的检验功效结果会在一定程度上优于 Gumbel 检验。

表 4-6 给出了在 10% 的显著性水平下扰动项为正态分布低估高频解释变量滞后阶数时 Wald 和 Gumbel 的检验功效。在模拟中我们假定实际估计的滞后期数比真实滞后期数少估计 1 期。大体来看，低估高频解释变量滞后阶数与表 4-4 遗漏高频解释变量的结果类似，但在 T/N 比较小时检验功效明显更低。这是因为相对于遗漏高频解释变量问题，低估高频解释变量滞后阶数信息的损失相对较少。通过模型回归结果可以发现，随着无约束混频因子模型中滞后阶数的增加，具有较高滞后阶数对应的变量对收益率的解释能力较小，因此 Wald 和 Gumbel 检验的势可能会低于遗漏高频变量所导致的结果。具体来看，除了二阶矩协方差检验以外，在资产数量 N 较少时，即使 T/N 比较大，各阶矩的检验功效也均较小，随着资产数量 N 的增加，Wald 和 Gumbel 统计量在各阶矩的检验功效会随着 T/N 比增加呈现出明显的提升，但相对于遗漏高频变量导致的设定误差问题，其识别原假设为错误时的能力仍要弱很多。

表 4-7 给出了在 10% 的显著性水平下扰动项为 skew-t 分布遗漏变量时 Wald 和 Gumbel 检验功效。可以发现，该结果与表 4-5 结果十分相似，尽管在资产个数 N 较少且 T/N 比不大时，两种检验方法特别是在四阶矩检验上的功效有所降低，但随着资产个数 N 的增加以及 T/N 比的快速增加，Wald 和 Gumbel 检验功效也均逐渐趋于 1。

类似地，表 4-8 给出了在 10% 的显著性水平下扰动项为 skew-t 分布低估高频解释变量滞后阶数时 Wald 和 Gumbel 检验功效。我们依旧假定实际估计的滞后阶数比真实滞后阶数少估计 1 期。此处与假定扰动项为正态分布时结果较为不同，可以发现相对于表 4-6 假定扰动项为正态分布时的结果，尽管在资产个数较小时，高阶矩的检验功效与之前差异不大，但当资产个数 $N=15$ 或 30 时，各阶矩检验功效均有十分明显的提高，且随着资产个数 N 的增加及对应的 T/N 比的增加，Wald 和 Gumbel 检验功效也均逐渐趋于 1，可以很好地识别原假设为错误的可能。由此可知，无约束混频模型在识别遗漏高频因子变量时的检验功效强于低估滞后阶数时的检验功效，但二者功效均会随着资产个数以及 T/N 的增加而快速增加。

表 4-4　在 10% 的显著性水平下扰动项为 skew-t 分布时无约束混频模型 Wald 和 Gumbel 检验的检验水平（$M = 1\,000$）

N	K_0	T/N	$H1_0: E[\eta_i \eta_j] = 0$ $i<j$ Wald	Gumbel	$H2_0: E[\eta_i \eta_j \eta_k] = 0$ $i<j<k$ Wald	Gumbel	$H3_0: E[\eta_i \eta_j \eta_k \eta_l] = 0$ $i<j<k<l$ Wald	Gumbel	$H1_0 + H2_0$ Wald	Gumbel	$H1_0 + H2_0 + H3_0$ Wald	Gumbel
5	1	10	0.157	0.010	0.133	0.006	0.120	0.006	0.164	0.006	0.167	0.007
		50	0.117	0.050	0.114	0.037	0.112	0.030	0.128	0.048	0.145	0.046
		250	0.115	0.057	0.117	0.044	0.092	0.034	0.123	0.058	0.128	0.058
		1 000	0.119	0.057	0.113	0.061	0.107	0.056	0.112	0.069	0.121	0.075
	3	10	0.303	0.041	0.160	0.006	0.160	0.005	0.273	0.021	0.265	0.023
		50	0.125	0.051	0.119	0.030	0.118	0.039	0.142	0.049	0.158	0.051
		250	0.117	0.059	0.108	0.052	0.099	0.039	0.122	0.064	0.123	0.071
		1 000	0.118	0.055	0.111	0.061	0.102	0.052	0.112	0.071	0.118	0.075
	5	10	0.515	0.119	0.180	0.010	0.202	0.021	0.455	0.079	0.424	0.067
		50	0.143	0.065	0.130	0.027	0.115	0.037	0.152	0.051	0.162	0.054
		250	0.117	0.061	0.104	0.048	0.094	0.037	0.126	0.069	0.122	0.074
		1 000	0.120	0.059	0.120	0.058	0.107	0.051	0.113	0.067	0.121	0.076

表4-4（续）

N	K_0	T/N	$H1_0: E[\eta_i\eta_j]=0, i<j$ Wald	Gumbel	$H2_0: E[\eta_i\eta_j\eta_k]=0, i<j<k$ Wald	Gumbel	$H3_0: E[\eta_i\eta_j\eta_k\eta_l]=0, i<j<k<l$ Wald	Gumbel	$H1_0+H2_0$ Wald	Gumbel	$H1_0+H2_0+H3_0$ Wald	Gumbel
15	1	10	0.155	0.032	0.254	0.030	0.291	0.065	0.265	0.036	0.305	0.058
		50	0.116	0.066	0.205	0.067	0.272	0.078	0.205	0.069	0.280	0.080
		250	0.106	0.082	0.180	0.091	0.246	0.103	0.177	0.090	0.250	0.103
		1 000	0.102	0.082	0.165	0.098	0.222	0.085	0.163	0.095	0.221	0.084
	3	10	0.272	0.047	0.249	0.018	0.313	0.059	0.285	0.025	0.318	0.055
		50	0.121	0.070	0.208	0.076	0.267	0.089	0.214	0.073	0.280	0.084
		250	0.110	0.080	0.177	0.092	0.254	0.106	0.166	0.095	0.259	0.098
		1 000	0.111	0.081	0.160	0.103	0.221	0.092	0.158	0.099	0.228	0.083
	5	10	0.434	0.066	0.264	0.025	0.335	0.078	0.328	0.029	0.351	0.072
		50	0.133	0.077	0.205	0.075	0.278	0.074	0.213	0.071	0.294	0.078
		250	0.106	0.081	0.159	0.091	0.252	0.103	0.158	0.092	0.263	0.100
		1 000	0.108	0.083	0.147	0.102	0.220	0.087	0.147	0.096	0.224	0.085

表4-4（续）

N	K_0	T/N	$H1_0: E[\eta_i\eta_j]=0$ $i<j$ Wald	Gumbel	$H2_0: E[\eta_i\eta_j\eta_k]=0$ $i<j<k$ Wald	Gumbel	$H3_0: E[\eta_i\eta_j\eta_k\eta_l]=0$ $i<j<k<l$ Wald	Gumbel	$H1_0+H2_0$ Wald	Gumbel	$H1_0+H2_0+H3_0$ Wald	Gumbel
30	1	10	0.162	0.051	0.298	0.037	0.361	0.132	0.303	0.041	0.360	0.124
		50	0.130	0.090	0.272	0.071	0.333	0.118	0.266	0.070	0.337	0.118
		250	0.112	0.088	0.237	0.092	0.316	0.080	0.226	0.092	0.320	0.075
		1 000	0.109	0.087	0.187	0.080	0.296	0.095	0.193	0.081	0.299	0.093
	3	10	0.280	0.056	0.316	0.034	0.387	0.144	0.330	0.039	0.384	0.134
		50	0.144	0.092	0.255	0.073	0.341	0.131	0.258	0.070	0.340	0.118
		250	0.125	0.087	0.212	0.089	0.319	0.085	0.204	0.090	0.321	0.081
		1 000	0.105	0.088	0.171	0.079	0.297	0.101	0.167	0.083	0.303	0.096
	5	10	0.429	0.068	0.311	0.034	0.398	0.147	0.344	0.038	0.406	0.142
		50	0.155	0.092	0.240	0.073	0.357	0.130	0.242	0.070	0.354	0.124
		250	0.123	0.088	0.190	0.088	0.318	0.078	0.190	0.085	0.323	0.080
		1 000	0.112	0.087	0.143	0.081	0.297	0.098	0.150	0.083	0.297	0.090

表 4-5 在 10% 的显著性水平下扰动项为正态分布遗漏变量时无约束混频模型 Wald 和 Gumbel 检验功效（$M = 1000$）

N	K_0	K_a	T/N	$H1_0: E[\eta_i\eta_j]=0, i<j$ Wald	$H1_0: E[\eta_i\eta_j]=0, i<j$ Gumbel	$H2_0: E[\eta_i\eta_j\eta_k]=0, i<j<k$ Wald	$H2_0: E[\eta_i\eta_j\eta_k]=0, i<j<k$ Gumbel	$H3_0: E[\eta_i\eta_j\eta_k\eta_l]=0, i<j<k<l$ Wald	$H3_0: E[\eta_i\eta_j\eta_k\eta_l]=0, i<j<k<l$ Gumbel	$H1_0+H2_0$ Wald	$H1_0+H2_0$ Gumbel	$H1_0+H2_0+H3_0$ Wald	$H1_0+H2_0+H3_0$ Gumbel
5	3	1	10	0.180	0.024	0.530	0.018	0.142	0.013	0.516	0.017	0.494	0.017
			50	0.334	0.147	0.524	0.200	0.120	0.031	0.584	0.237	0.549	0.220
			250	0.931	0.759	0.543	0.312	0.125	0.056	0.937	0.715	0.926	0.698
			1000	1.000	1.000	0.602	0.376	0.160	0.077	1.000	1.000	1.000	1.000
	5	1	10	0.229	0.028	0.505	0.026	0.155	0.009	0.524	0.023	0.496	0.026
			50	0.581	0.258	0.569	0.203	0.191	0.069	0.738	0.292	0.718	0.276
			250	1.000	0.977	0.724	0.414	0.331	0.150	0.998	0.938	0.999	0.930
			1000	1.000	1.000	0.915	0.670	0.720	0.447	1.000	1.000	1.000	1.000
	5	3	10	0.293	0.042	0.574	0.029	0.203	0.012	0.608	0.034	0.594	0.028
			50	0.182	0.083	0.494	0.201	0.112	0.044	0.491	0.182	0.461	0.175
			250	0.521	0.305	0.522	0.322	0.105	0.044	0.724	0.394	0.678	0.360
			1000	0.986	0.904	0.566	0.381	0.106	0.048	0.985	0.869	0.979	0.846

表4-5(续)

N	K_0	K_a	T/N	$H1_0: E[\eta_i \eta_j] = 0$ $i<j$ Wald	Gumbel	$H2_0: E[\eta_i \eta_j \eta_k] = 0$ $i<j<k$ Wald	Gumbel	$H3_0: E[\eta_i \eta_j \eta_k \eta_l] = 0$ $i<j<k<l$ Wald	Gumbel	$H1_0 + H2_0$ Wald	Gumbel	$H1_0 + H2_0 + H3_0$ Wald	Gumbel
15	3	1	10	0.393	0.080	0.885	0.164	0.374	0.086	0.906	0.150	0.615	0.113
			50	0.970	0.516	0.966	0.461	0.434	0.122	0.996	0.544	0.901	0.400
			250	1.000	1.000	0.989	0.626	0.789	0.210	1.000	1.000	1.000	1.000
			1 000	1.000	1.000	0.999	0.822	0.999	0.767	1.000	1.000	1.000	1.000
	5	1	10	0.895	0.244	0.936	0.186	0.681	0.254	0.981	0.212	0.852	0.280
			50	1.000	0.996	0.989	0.564	0.996	0.799	1.000	0.965	1.000	0.952
			250	1.000	1.000	1.000	0.942	1.000	1.000	1.000	1.000	1.000	1.000
			1 000	1.000	1.000	1.000	1.000	1.000	1.000	1.000	1.000	1.000	1.000
	5	3	10	0.711	0.149	0.913	0.165	0.492	0.101	0.960	0.164	0.748	0.135
			50	1.000	0.805	0.962	0.460	0.702	0.196	1.000	0.686	0.995	0.523
			250	1.000	1.000	0.998	0.655	1.000	0.675	1.000	1.000	1.000	1.000
			1 000	1.000	1.000	1.000	0.958	1.000	1.000	1.000	1.000	1.000	1.000

表4-5（续）

N	K_0	K_a	T/N	$H1_0: E[\eta_i\eta_j]=0$ $i<j$ Wald	Gumbel	$H2_0: E[\eta_i\eta_j\eta_k]=0$ $i<j<k$ Wald	Gumbel	$H3_0: E[\eta_i\eta_j\eta_k\eta_l]=0$ $i<j<k<l$ Wald	Gumbel	$H1_0+H2_0$ Wald	Gumbel	$H1_0+H2_0+H3_0$ Wald	Gumbel
30	3	1	10	0.884	0.161	0.993	0.314	0.631	0.189	0.998	0.306	0.773	0.261
			50	1.000	0.951	1.000	0.658	0.943	0.181	1.000	0.833	0.998	0.541
			250	1.000	1.000	1.000	0.840	1.000	0.419	1.000	1.000	1.000	1.000
			1 000	1.000	1.000	1.000	0.997	1.000	0.998	1.000	1.000	1.000	1.000
	5	1	10	1.000	0.724	1.000	0.384	0.991	0.680	1.000	0.523	0.997	0.701
			50	1.000	1.000	1.000	0.843	1.000	0.998	1.000	1.000	1.000	1.000
			250	1.000	1.000	1.000	1.000	1.000	1.000	1.000	1.000	1.000	1.000
			1 000	1.000	1.000	1.000	1.000	1.000	1.000	1.000	1.000	1.000	1.000
	5	3	10	0.998	0.435	0.995	0.317	0.828	0.246	1.000	0.358	0.924	0.304
			50	1.000	1.000	1.000	0.650	1.000	0.580	1.000	0.999	1.000	0.972
			250	1.000	1.000	1.000	0.907	1.000	0.999	1.000	1.000	1.000	1.000
			1 000	1.000	1.000	1.000	1.000	1.000	1.000	1.000	1.000	1.000	1.000

表 4-6　在 10% 的显著性水平下扰动项为正态分布低估高频解释变量滞后阶数时
无约束混频模型 Wald 和 Gumbel 检验功效（$M = 1\,000$）

N	K_0	T/N	$H1_0: E[\eta_i\eta_j]=0$ $i<j$		$H2_0: E[\eta_i\eta_j\eta_k]=0$ $i<j<k$		$H3_0: E[\eta_i\eta_j\eta_k\eta_l]=0$ $i<j<k<l$		$H1_0+H2_0$		$H1_0+H2_0+H3_0$	
			Wald	Gumbel	Wald	Gumbel	Wald	Gumbel	Wald	Gumbel	Wald	Gumbel
5	1	10	0.130	0.016	0.147	0.007	0.138	0.012	0.139	0.010	0.171	0.013
		50	0.111	0.054	0.116	0.046	0.107	0.023	0.119	0.058	0.129	0.055
		250	0.168	0.093	0.107	0.059	0.111	0.050	0.158	0.088	0.144	0.096
		1 000	0.422	0.282	0.099	0.064	0.085	0.040	0.322	0.232	0.292	0.216
	3	10	0.227	0.038	0.167	0.009	0.178	0.017	0.231	0.019	0.275	0.021
		50	0.268	0.110	0.122	0.044	0.126	0.043	0.227	0.093	0.239	0.092
		250	0.828	0.495	0.131	0.062	0.132	0.066	0.716	0.418	0.677	0.392
		1 000	1.000	0.995	0.162	0.075	0.158	0.063	1.000	0.992	1.000	0.990
	5	10	0.425	0.085	0.210	0.009	0.244	0.031	0.393	0.055	0.432	0.054
		50	0.181	0.077	0.114	0.049	0.117	0.039	0.178	0.077	0.169	0.075
		250	0.420	0.204	0.111	0.063	0.109	0.047	0.320	0.158	0.283	0.146
		1 000	0.951	0.667	0.105	0.055	0.100	0.042	0.872	0.561	0.844	0.529

表4-6(续)

N	K_0	T/N	$H1_0: E[\eta_i\eta_j]=0$ $i<j$ Wald	$H1_0: E[\eta_i\eta_j]=0$ $i<j$ Gumbel	$H2_0: E[\eta_i\eta_j\eta_k]=0$ $i<j<k$ Wald	$H2_0: E[\eta_i\eta_j\eta_k]=0$ $i<j<k$ Gumbel	$H3_0: E[\eta_i\eta_j\eta_k\eta_l]=0$ $i<j<k<l$ Wald	$H3_0: E[\eta_i\eta_j\eta_k\eta_l]=0$ $i<j<k<l$ Gumbel	$H1_0+H2_0$ Wald	$H1_0+H2_0$ Gumbel	$H1_0+H2_0+H3_0$ Wald	$H1_0+H2_0+H3_0$ Gumbel
15	1	10	0.160	0.035	0.158	0.027	0.296	0.065	0.161	0.026	0.304	0.060
15	1	50	0.172	0.080	0.114	0.059	0.202	0.088	0.134	0.073	0.216	0.085
15	1	250	0.591	0.235	0.106	0.071	0.146	0.093	0.293	0.130	0.230	0.120
15	1	1 000	0.999	0.891	0.096	0.095	0.104	0.089	0.881	0.694	0.566	0.532
15	3	10	0.440	0.085	0.194	0.028	0.383	0.079	0.305	0.036	0.413	0.070
15	3	50	0.951	0.408	0.154	0.058	0.351	0.116	0.678	0.173	0.572	0.156
15	3	250	1.000	1.000	0.284	0.115	0.651	0.165	1.000	0.991	1.000	0.942
15	3	1 000	1.000	1.000	0.787	0.215	0.998	0.424	1.000	1.000	1.000	1.000
15	5	10	0.440	0.097	0.239	0.035	0.456	0.084	0.351	0.043	0.512	0.080
15	5	50	0.528	0.177	0.115	0.057	0.228	0.094	0.281	0.098	0.295	0.101
15	5	250	0.999	0.817	0.111	0.080	0.174	0.105	0.929	0.524	0.664	0.343
15	5	1 000	1.000	1.000	0.116	0.084	0.203	0.109	1.000	1.000	1.000	1.000

表4-6(续)

N	K_0	T/N	$H1_0: E[\eta_i\eta_j]=0$ $i<j$		$H2_0: E[\eta_i\eta_j\eta_k]=0$ $i<j<k$		$H3_0: E[\eta_i\eta_j\eta_k\eta_l]=0$ $i<j<k<l$		$H1_0+H2_0$		$H1_0+H2_0+H3_0$	
			Wald	Gumbel	Wald	Gumbel	Wald	Gumbel	Wald	Gumbel	Wald	Gumbel
30	1	10	0.210	0.063	0.191	0.032	0.369	0.139	0.214	0.036	0.374	0.130
		50	0.581	0.147	0.121	0.073	0.297	0.099	0.221	0.079	0.325	0.093
		250	1.000	0.672	0.112	0.102	0.194	0.115	0.829	0.296	0.426	0.165
		1 000	1.000	1.000	0.117	0.094	0.205	0.105	1.000	1.000	0.990	0.984
	3	10	0.870	0.141	0.268	0.038	0.544	0.157	0.479	0.049	0.571	0.144
		50	1.000	0.834	0.375	0.093	0.822	0.147	0.992	0.393	0.926	0.225
		250	1.000	1.000	0.962	0.175	1.000	0.272	1.000	1.000	1.000	1.000
		1 000	1.000	1.000	1.000	0.633	1.000	0.911	1.000	1.000	1.000	1.000
	5	10	0.573	0.081	0.236	0.047	0.498	0.153	0.343	0.053	0.517	0.144
		50	0.962	0.292	0.106	0.072	0.351	0.115	0.438	0.111	0.413	0.107
		250	1.000	0.997	0.138	0.088	0.329	0.118	1.000	0.849	0.819	0.566
		1 000	1.000	1.000	0.207	0.110	0.585	0.116	1.000	1.000	1.000	1.000

表 4-7　在 10% 的显著性水平下扰动项为 skew-t 分布遗漏变量时无约束混频模型 Wald 和 Gumbel 检验功效（$M = 1000$）

N	K_0	K_a	T/N	$H1_0: E[\eta_i \eta_j] = 0$, $i<j$ Wald	Gumbel	$H2_0: E[\eta_i \eta_j \eta_k] = 0$, $i<j<k$ Wald	Gumbel	$H3_0: E[\eta_i \eta_j \eta_k \eta_l] = 0$, $i<j<k<l$ Wald	Gumbel	$H1_0 + H2_0$ Wald	Gumbel	$H1_0 + H2_0 + H3_0$ Wald	Gumbel
5	3	1	10	0.156	0.017	0.823	0.037	0.114	0.008	0.789	0.026	0.728	0.022
			50	0.184	0.093	0.950	0.177	0.120	0.032	0.935	0.180	0.923	0.169
			250	0.440	0.391	0.989	0.308	0.115	0.043	0.991	0.431	0.990	0.409
			1000	0.959	0.967	0.999	0.364	0.110	0.061	1.000	0.945	1.000	0.934
5	5	1	10	0.209	0.030	0.783	0.034	0.123	0.014	0.772	0.029	0.734	0.025
			50	0.318	0.049	0.768	0.031	0.160	0.009	0.774	0.044	0.733	0.041
			250	0.357	0.195	0.933	0.182	0.117	0.036	0.942	0.241	0.922	0.237
			1000	0.217	0.107	0.937	0.177	0.119	0.034	0.924	0.194	0.909	0.188
5	5	3	10	0.932	0.889	0.982	0.310	0.130	0.049	0.997	0.831	0.996	0.810
			50	0.529	0.466	0.984	0.319	0.112	0.041	0.988	0.505	0.981	0.483
			250	1.000	1.000	0.996	0.369	0.162	0.092	1.000	1.000	1.000	1.000
			1000	0.974	0.991	0.995	0.377	0.136	0.055	1.000	0.982	1.000	0.980

表4-7(续)

N	K_0	K_a	T/N	$H1_0: E[\eta_i\eta_j]=0$ $i<j$		$H2_0: E[\eta_i\eta_j\eta_k]=0$ $i<j<k$		$H3_0: E[\eta_i\eta_j\eta_k\eta_l]=0$ $i<j<k<l$		$H1_0+H2_0$		$H1_0+H2_0+H3_0$	
				Wald	Gumbel	Wald	Gumbel	Wald	Gumbel	Wald	Gumbel	Wald	Gumbel
15	3	1	10	0.296	0.068	1.000	0.146	0.313	0.069	1.000	0.135	0.824	0.107
			50	0.764	0.472	1.000	0.460	0.280	0.089	1.000	0.528	0.997	0.347
			250	1.000	1.000	1.000	0.681	0.266	0.113	1.000	1.000	1.000	0.996
			1 000	1.000	1.000	1.000	0.942	0.263	0.152	1.000	1.000	1.000	1.000
	5	1	10	0.855	0.281	1.000	0.143	0.425	0.114	1.000	0.178	0.890	0.158
			50	0.750	0.195	1.000	0.136	0.373	0.089	0.999	0.153	0.864	0.122
			250	1.000	0.996	1.000	0.500	0.680	0.440	1.000	0.978	1.000	0.934
			1 000	1.000	0.953	1.000	0.457	0.937	0.913	1.000	0.838	0.999	0.679
	5	3	10	1.000	1.000	1.000	0.786	1.000	0.982	1.000	1.000	1.000	1.000
			50	1.000	1.000	1.000	0.647	0.856	0.664	1.000	1.000	1.000	1.000
			250	1.000	1.000	1.000	0.996	1.000	1.000	1.000	1.000	1.000	1.000
			1 000	1.000	1.000	1.000	0.930	1.000	1.000	1.000	1.000	1.000	1.000

表4-7（续）

N	K_0	K_a	T/N	\multicolumn{2}{c}{$H1_0: E[\eta_i \eta_j] = 0$ $i<j$}	\multicolumn{2}{c}{$H2_0: E[\eta_i \eta_j \eta_k] = 0$ $i<j<k$}	\multicolumn{2}{c}{$H3_0: E[\eta_i \eta_j \eta_k \eta_l] = 0$ $i<j<k<l$}	\multicolumn{2}{c}{$H1_0 + H2_0$}	\multicolumn{2}{c}{$H1_0 + H2_0 + H3_0$}
				Wald	Gumbel	Wald	Gumbel	Wald	Gumbel	Wald	Gumbel	Wald	Gumbel
30	3	1	10	0.659	0.165	1.000	0.315	0.382	0.152	1.000	0.312	0.801	0.223
			50	1.000	0.940	1.000	0.655	0.370	0.127	1.000	0.818	0.997	0.511
			250	1.000	1.000	1.000	0.887	0.425	0.148	1.000	1.000	1.000	1.000
			1 000	1.000	1.000	1.000	1.000	0.710	0.448	1.000	1.000	1.000	1.000
	5	1	10	1.000	0.660	1.000	0.333	0.681	0.287	1.000	0.444	0.931	0.364
			50	0.995	0.988	1.000	0.626	0.975	0.678	1.000	0.856	0.955	0.965
			250	1.000	1.000	1.000	0.896	1.000	0.897	1.000	1.000	1.000	1.000
			1 000	1.000	1.000	1.000	0.916	1.000	0.931	1.000	0.994	0.998	0.926
	5	3	10	1.000	1.000	1.000	0.962	0.996	0.939	1.000	1.000	1.000	1.000
			50	1.000	1.000	1.000	0.827	1.000	1.000	1.000	1.000	1.000	1.000
			250	1.000	1.000	1.000	1.000	1.000	0.939	1.000	1.000	1.000	1.000
			1 000	1.000	1.000	1.000	0.998	1.000	1.000	1.000	1.000	1.000	1.000

表 4-8 在 10% 的显著性水平下扰动项为 skew-t 分布低估解释变量滞后阶数时无约束混频模型 Wald 和 Gumbel 检验功效（$M = 1000$）

N	K_0	T/N	$H1_0: E[\eta_i \eta_j] = 0$ $i<j$		$H2_0: E[\eta_i \eta_j \eta_k] = 0$ $i<j<k$		$H3_0: E[\eta_i \eta_j \eta_k \eta_l] = 0$ $i<j<k<l$		$H1_0 + H2_0$		$H1_0 + H2_0 + H3_0$	
			Wald	Gumbel	Wald	Gumbel	Wald	Gumbel	Wald	Gumbel	Wald	Gumbel
5	1	10	0.180	0.024	0.146	0.005	0.142	0.013	0.189	0.010	0.204	0.008
		50	0.334	0.147	0.130	0.042	0.120	0.031	0.284	0.123	0.287	0.116
		250	0.931	0.759	0.126	0.072	0.125	0.056	0.856	0.676	0.823	0.647
		1000	1.000	1.000	0.134	0.080	0.160	0.077	1.000	1.000	1.000	1.000
	3	10	0.229	0.028	0.149	0.010	0.155	0.009	0.225	0.014	0.219	0.013
		50	0.293	0.042	0.169	0.011	0.203	0.012	0.285	0.025	0.310	0.019
		250	0.581	0.258	0.149	0.048	0.191	0.069	0.483	0.204	0.473	0.197
		1000	0.182	0.083	0.117	0.043	0.112	0.044	0.161	0.079	0.177	0.076
	5	10	1.000	0.977	0.234	0.118	0.331	0.150	0.999	0.938	0.997	0.934
		50	0.521	0.305	0.115	0.076	0.105	0.044	0.421	0.259	0.385	0.235
		250	1.000	1.000	0.482	0.248	0.720	0.447	1.000	1.000	1.000	1.000
		1000	0.986	0.904	0.108	0.058	0.106	0.048	0.959	0.863	0.939	0.841

表4-8（续）

N	K_0	T/N	$H1_0: E[\eta_i \eta_j] = 0$ $i<j$ Wald	Gumbel	$H2_0: E[\eta_i \eta_j \eta_k] = 0$ $i<j<k$ Wald	Gumbel	$H3_0: E[\eta_i \eta_j \eta_k \eta_l] = 0$ $i<j<k<l$ Wald	Gumbel	$H1_0 + H2_0$ Wald	Gumbel	$H1_0 + H2_0 + H3_0$ Wald	Gumbel
15	1	10	0.393	0.080	0.177	0.019	0.374	0.086	0.298	0.032	0.408	0.069
		50	0.970	0.516	0.185	0.075	0.434	0.122	0.750	0.272	0.680	0.214
		250	1.000	1.000	0.307	0.109	0.789	0.210	1.000	1.000	1.000	0.999
		1 000	1.000	1.000	0.810	0.209	0.999	0.767	1.000	1.000	1.000	1.000
	3	10	0.895	0.244	0.351	0.036	0.681	0.254	0.662	0.101	0.747	0.243
		50	0.711	0.149	0.243	0.036	0.492	0.101	0.473	0.065	0.546	0.097
		250	1.000	0.996	0.702	0.168	0.996	0.799	1.000	0.951	1.000	0.939
		1 000	1.000	0.805	0.771	0.074	0.702	0.896	0.974	0.501	0.932	0.402
	5	10	1.000	1.000	0.999	0.725	1.000	1.000	1.000	1.000	1.000	1.000
		50	1.000	1.000	0.712	0.174	1.000	0.675	1.000	1.000	1.000	1.000
		250	1.000	1.000	1.000	1.000	1.000	1.000	1.000	1.000	1.000	1.000
		1 000	1.000	1.000	0.999	0.711	1.000	1.000	1.000	1.000	1.000	1.000

表4-8(续)

N	K_0	T/N	$H1_0: E[\eta_i\eta_j]=0$ $i<j$ Wald	Gumbel	$H2_0: E[\eta_i\eta_j\eta_k]=0$ $i<j<k$ Wald	Gumbel	$H3_0: E[\eta_i\eta_j\eta_k\eta_l]=0$ $i<j<k<l$ Wald	Gumbel	$H1_0+H2_0$ Wald	Gumbel	$H1_0+H2_0+H3_0$ Wald	Gumbel
30	1	10	0.884	0.161	0.993	0.314	0.631	0.189	0.998	0.306	0.773	0.261
		50	1.000	0.951	1.000	0.658	0.943	0.181	1.000	0.833	0.998	0.541
		250	1.000	1.000	1.000	0.840	1.000	0.419	1.000	1.000	1.000	1.000
		1 000	1.000	1.000	1.000	0.997	1.000	0.998	1.000	1.000	1.000	1.000
	3	10	1.000	0.724	0.995	0.384	0.991	0.680	1.000	0.523	0.997	0.701
		50	0.998	0.435	1.000	0.317	0.828	0.246	1.000	0.358	0.924	0.304
		250	1.000	1.000	1.000	0.843	1.000	0.998	1.000	1.000	1.000	1.000
		1 000	1.000	1.000	1.000	0.650	1.000	0.580	1.000	0.999	1.000	0.972
	5	10	1.000	1.000	1.000	1.000	1.000	1.000	1.000	1.000	1.000	1.000
		50	1.000	1.000	1.000	0.907	1.000	0.999	1.000	1.000	1.000	1.000
		250	1.000	1.000	1.000	1.000	1.000	1.000	1.000	1.000	1.000	1.000
		1 000	1.000	1.000	1.000	1.000	1.000	1.000	1.000	1.000	1.000	1.000

4.5.2 有约束混频因子模型

由 4.5.1 节无约束混频因子模型可知,当高频因子解释变量包含滞后阶数较少且资产个数 N 较低时,Wald 检验具有较好的检验水平和检验功效,而在资产个数 N 较多时,随着高阶矩维数的增加,有效样本也会增加,此时 Gumbel 检验同样具有良好的检验水平和检验功效。但同时我们也会发现,随着 U-MIDAS 模型中高频因子个数的增加或高频解释变量滞后阶数的增加,无论是 Wald 统计量还是 Gumbel 统计量均存在更为明显的扭曲。这是 U-MIDAS 模型本身会随着高频解释变量和滞后阶数的增加而过度参数化导致的结果,从而未能明显地降低待估参数的个数,达到很好的减少模型估计误差的目的。相比之下,R-MIDAS 模型通过使用超参数方法对不同参数施加函数性约束从而控制不同高频解释变量及其滞后参数对被解释变量的影响程度,在模型设定恰当的情况下可以大大减少待估参数的个数,从而进一步减少估计高阶矩矩阵时面临的估计误差问题。对于有约束混频因子模型,其具体的模拟设定过程如下:

(1) 模拟设定

对于统计量检验水平(size)的研究,采用有约束混频因子模型时其模拟过程与无约束混频因子模型大体类似,具体有如下几步:

第 1 步。假定 K_0 为混频因子模型数据生成过程中真实因子个数。同样采用有放回抽样获得观测样本个数为 $s \times T$ 的高频随机样本 $F_t^{K_0} = (F_{1t}^{(s)}, \cdots, F_{K_0 t}^{(s)})'$。

第 2 步。使用式(3-21)的有约束混频因子模型并假定超参数服从包含两个参数的标准化指数阿尔蒙滞后形式对 30 只股票的收益率分别进行回归,并通过使用 BIC 准则从滞后 1 期到 21 期中选择最优的滞后阶数。以此获得对应的残差项、截距项和因子载荷矩阵。

第 3 步。对于误差项的设定,我们同样首先采用多元正态分布 $N[0,$

$diag(\hat{\sigma}_1^2, \cdots, \hat{\sigma}_n^2)]$ 生成观测样本个数为 T 的 N 维的随机样本。

第 4 步。利用式（3-21）以及估计得到的截距项和因子载荷矩阵，重新获得在假定因子个数为 K_0 时观测为 T 的 n 个样本收益率 R_t。

第 5 步。再次利用式（3-21）使用之前生成的收益率 R_t 和真实因子个数 $F_t^{K_0}$ 重新进行回归，以获得因子载荷和标准化残差的估计量 $\hat{\eta}_t$。同样利用式（4-27）和式（4-30）便可计算得到 Wald 和 Gumbel 统计量及其对应的 p 值结果。

在研究统计量的检验功效时，可能的情况与无约束混频因子模型检验的情况有所不同。由于有约束混频因子模型已考虑了高频解释变量及其滞后项参数可能的函数形式，因此在模型参数的函数形式设定适当的条件下，即使低估高频解释变量滞后阶数也不会显著影响统计量的检验功效。因此也在一定程度上说明了 R-MIDAS 模型具有更为良好的稳健性。Foroni 和 Marcellino（2014）比较了桥接方程、MIDAS 模型和混频向量自回归（MF-VAR）模型三种混频模型，发现 R-MIDAS 模型即使在模型设定错误时依然具有良好的稳健性。故本书将步骤 5 简化为低估高频因子个数一种情况即可[①]：

第 5^* 步。用有约束的混频模型 [式（3-21）] 对生成的收益率 R_t 和高频因子样本在错误因子个数 $F_t^{K_a}$（$K_a < K_0$）时重新进行回归，以获得对应的因子载荷和标准化后的残差估计量 $\hat{\eta}_t$。利用式（4-27）和式（4-30）计算统计量和对应的 p 值。

同样重复上述过程 $M = 1\,000$ 次，便可获得检验统计量的检验水平和检验功效的结果。

---

① 在有约束混频因子模型势的检验中，除了正文中提到的低估高频因子个数这一情况外，我们还考虑如下另外一种情况：利用 U-MIDAS 模型 [式（3-19）] 使用生成的收益率 R_t 和因子样本在真实因子个数 K_0 时进行回归，以获得因子载荷和标准化残差的估计量 $\hat{\eta}_t$。利用式（4-27）和式（4-30）计算统计量和对应的 p 值。此时可以将其看作对有约束参数的展开估计，因而其势与真实的检验水平接近，故我们在正文中省略。

类似地，我们同样考虑了新息项为 skew-t 分布时的情况，以更符合现实情形。此时仅需在模拟设定中将第 3 步替换为如下即可：

第 3* 步。使用 skew-t 分布 $SKT(\hat{\mu}_i, \hat{\sigma}_i, \hat{\nu}_i, \hat{\xi}_i)$ 生成观测样本个数为 T 的误差项，并将标准化后的的误差项作为参数校准样本。

我们同样重复上述过程 M = 1 000 次，以获得两种统计量的检验水平和检验功效的结果。

（2）有约束混频模型检验水平

表 4-9 和表 4-10 分别给出了蒙特卡洛模拟在扰动项分别为正态分布和 skew-t 分布时，10% 的显著性水平下使用有约束混频因子模型构建 Wald 和 Gumbel 检验估计各阶矩的检验水平结果。与无约束混频因子模型类似，为了充分考虑不同资产数目下两种统计量的检验水平，我们同样分别模拟了 N = 5、15 和 30 三种情况，并将 T/N 比分别设定在 10、50、250 和 1 000，分别对应高维、中维和低维的情况。在模型设定方面与无约束混频因子模型稍有不同的地方是，超参数的使用使得 R-MIDAS 模型在包含较多滞后阶数时，依然不会损失较多的自由度，但需要注意的是过多的滞后阶数可能会导致超参数估计产生较大的误差。因此为了更加客观地选择需要拟合的滞后阶数，我们同样将最优滞后阶数的范围限定在 0 至 7 期，并采用 BIC 准则在该滞后期中选择最优的滞后阶数。

具体来看，表 4-9 结果表明，在扰动项设定为正态分布的条件下，T/N 比的增加，Wald 检验在不同资产个数下均具有良好的检验水平。相比之下，Gumbel 统计量在维数较低时实际使用的有效样本不足，因此在资产个数较少如 N = 5 时，可以预见其检验水平不会理想，但随着投资组合中资产数量 N 的增加，其经验检验水平会逐渐趋于真实检验水平，和 Wald 检验最终具有类似的检验结果。需要指出的是，与表 4-3 中无约束混频因子模型不同，随着高频因子个数 K_0 的增加，有约束混频因子模型在不同因子个数下其检验水平并没有出现较为明显的差异。这得益于有约束混频因子模型中待估参数的个数并不会随着高频因子变量及其滞后阶数的增加而增加，从而有效降低了待估参数的估计误差。因此有约束混频因子模型相对于无约束混频因子模型在小样本情况下更加稳健。

当扰动项设定为 skew-t 分布时，由表 4-10 模拟结果可以看出，Wald 检验在扰动项为正态分布条件下的优良性质发生了较为明显的变化，其各阶矩下的检验水平在同样的 T/N 比下会存在更加明显的扭曲。特别地，当 $N = 15$ 和 30 时其扭曲程度更为明显。正如前文所述，在假定扰动项为 skew-t 分布时，其发生极端值的比例要显著增加，此时在高维条件下 Wald 检验容易失效。尽管随着 T/N 比的增加，这一扭曲逐渐得到缓解，但在 T/N 比很大时相对于表 4-9 正态分布依然明显。相比较之下，Gumbel 检验此时体现出了更加明显的优势。特别地，当资产个数较多如 $N = 15$ 和 30 时，Gumbel 检验结果更加稳健，且随着 T/N 比的增加具有更加良好的检验水平。同时，对于表 4-9 正态分布条件下有约束的混频因子模型而言，尽管因子个数的增加对有约束的混频因子模型的检验水平存在一定程度上的影响，但随着 T/N 比的增加，影响程度会显著减小；另外，与表 4-4 在相同分布下使用无约束的混频因子模型相比可以发现，在给定的资产个数 N 下，即使在 T/N 比较小时，有约束混频因子模型也具有更加良好的检验水平。因此，有约束混频因子模型在观测样本有限的条件下即使使用较多的高频解释变量及其滞后项，依然可以保持检验水平稳健。

（3）有约束混频模型检验功效

同样地，为了进一步检验有约束混频模型在识别原假设为错误时的能力，即检验功效，表 4-11 和表 4-12 分别给出了扰动项为正态分布和 skew-t 分布两种条件下使用了错误（低估）高频因子个数时 Wald 检验和 Gumbel 检验在 10% 显著性水平下检验功效的结果。具体检验结果如下：

表 4-11 给出了在 10% 的显著性水平下扰动项为正态分布遗漏高频解释变量时 Wald 和 Gumbel 统计量的检验功效，其结果与表 4-5 相同分布下

使用无约束混频因子模型时的结论大体一致。具体来看，当 $N = 5$ 且 T/N 比较小时各阶矩检验对应的功效相对较小，但随着 T/N 比的快速增加，除三阶矩协方差和四阶矩协峰度检验外，其他各阶矩及其联合检验的功效均会出现显著的提升。尽管如此，协偏度和协峰度检验功效均会随着资产个数 N 的增加而显著提升，当 $N = 15$ 和 30 时，随着 T/N 比的增加包含四阶矩在内各阶矩的检验功效均会更加明显地快速趋于 1，且随着资产维数 N 的增加功效趋于 1 的速度更快。同时可以发现，Wald 检验在给定相同 T/N 比下的检验功效结果会在一定程度上优于 Gumbel 检验，但随着 T/N 比的增加二者功效的差异会逐渐缩小。

表 4-12 给出了在 10% 的显著性水平下扰动项为 skew-t 分布遗漏高频解释变量时 Wald 和 Gumbel 统计量的检验功效。可以发现，该模拟结果与表 4-11 所得结论大体一致。尽管在资产个数 N 较少且 T/N 比不大时，两种检验方法的功效有所降低，但随着资产个数 N 的增加特别是 T/N 比的快速增加，Wald 和 Gumbel 检验功效也均逐渐趋于 1，且此时 Gumbel 检验要优于对应的正态分布下的结果。同时，与相同分布假定下使用无约束混频因子模型的表 4-7 相比可以发现，在资产个数 $N = 5$ 且 T/N 比较小时，无约束混频因子模型在一定程度上优于有约束混频因子模型，但随着 T/N 比的增加，这一优势逐渐减小。特别地，当 $N = 15$ 或 30 时，无约束混频因子模型与有约束混频因子模型的检验差异不大。由此可知，有约束混频因子模型在识别遗漏高频因子变量时的检验功效与相同条件下的无约束混频模型差异不大，而且低估高频因子滞后阶数对统计量的影响较小，因此在构建混频模型时优势更为明显。

表 4–9　在 10% 的显著性水平下扰动项为正态分布时有约束混频模型 Wald 和 Gumbel 检验的检验水平（$M = 1\,000$）

N	K_0	T/N	$H1_0: E[\eta_i\eta_j]=0$ $i<j$ Wald	Gumbel	$H2_0: E[\eta_i\eta_j\eta_k]=0$ $i<j<k$ Wald	Gumbel	$H3_0: E[\eta_i\eta_j\eta_k\eta_l]=0$ $i<j<k<l$ Wald	Gumbel	$H1_0+H2_0$ Wald	Gumbel	$H1_0+H2_0+H3_0$ Wald	Gumbel
5	1	10	0.110	0.013	0.128	0.013	0.121	0.004	0.122	0.006	0.148	0.006
		50	0.098	0.046	0.105	0.042	0.115	0.039	0.108	0.055	0.118	0.059
		250	0.102	0.051	0.097	0.057	0.099	0.039	0.104	0.067	0.094	0.075
		1 000	0.113	0.071	0.095	0.043	0.101	0.044	0.106	0.064	0.101	0.077
	3	10	0.118	0.015	0.140	0.011	0.135	0.011	0.145	0.013	0.158	0.014
		50	0.099	0.049	0.112	0.040	0.113	0.039	0.113	0.049	0.129	0.056
		250	0.101	0.049	0.100	0.061	0.100	0.043	0.108	0.069	0.096	0.077
		1 000	0.117	0.072	0.096	0.045	0.098	0.047	0.109	0.062	0.105	0.077
	5	10	0.158	0.020	0.148	0.005	0.146	0.010	0.183	0.013	0.198	0.011
		50	0.103	0.049	0.106	0.040	0.130	0.036	0.118	0.047	0.127	0.047
		250	0.097	0.054	0.100	0.064	0.095	0.046	0.106	0.073	0.104	0.073
		1 000	0.119	0.074	0.097	0.046	0.100	0.052	0.108	0.064	0.105	0.079

表4-9(续)

N	K_0	T/N	$H1_0: E[\eta_i\eta_j]=0, i<j$ Wald	Gumbel	$H2_0: E[\eta_i\eta_j\eta_k]=0, i<j<k$ Wald	Gumbel	$H3_0: E[\eta_i\eta_j\eta_k\eta_l]=0, i<j<k<l$ Wald	Gumbel	$H1_0+H2_0$ Wald	Gumbel	$H1_0+H2_0+H3_0$ Wald	Gumbel
15	1	10	0.126	0.037	0.145	0.023	0.292	0.063	0.146	0.018	0.295	0.054
		50	0.121	0.070	0.122	0.063	0.203	0.096	0.125	0.070	0.205	0.090
		250	0.111	0.083	0.110	0.081	0.130	0.080	0.108	0.073	0.119	0.083
		1 000	0.105	0.082	0.092	0.095	0.100	0.089	0.092	0.089	0.107	0.093
	3	10	0.155	0.034	0.165	0.020	0.306	0.071	0.166	0.020	0.319	0.064
		50	0.125	0.069	0.121	0.060	0.201	0.096	0.126	0.067	0.200	0.088
		250	0.113	0.088	0.112	0.076	0.130	0.083	0.102	0.075	0.124	0.078
		1 000	0.104	0.082	0.095	0.091	0.098	0.085	0.094	0.093	0.108	0.094
	5	10	0.173	0.052	0.172	0.027	0.343	0.077	0.187	0.029	0.350	0.066
		50	0.127	0.076	0.125	0.070	0.188	0.100	0.125	0.078	0.207	0.088
		250	0.113	0.088	0.113	0.076	0.132	0.080	0.106	0.075	0.129	0.082
		1 000	0.105	0.078	0.102	0.092	0.100	0.086	0.098	0.092	0.108	0.096

表4-9（续）

N	K_0	T/N	$H1_0: E[\eta_i\eta_j]=0$ $i<j$ Wald	Gumbel	$H2_0: E[\eta_i\eta_j\eta_k]=0$ $i<j<k$ Wald	Gumbel	$H3_0: E[\eta_i\eta_j\eta_k\eta_l]=0$ $i<j<k<l$ Wald	Gumbel	$H1_0+H2_0$ Wald	Gumbel	$H1_0+H2_0+H3_0$ Wald	Gumbel
30	1	10	0.132	0.044	0.165	0.044	0.373	0.143	0.162	0.042	0.380	0.130
		50	0.096	0.068	0.113	0.084	0.265	0.091	0.113	0.076	0.260	0.089
		250	0.104	0.073	0.116	0.094	0.159	0.097	0.110	0.096	0.163	0.102
		1 000	0.099	0.075	0.099	0.090	0.108	0.095	0.106	0.088	0.112	0.097
	3	10	0.143	0.051	0.173	0.040	0.400	0.154	0.181	0.041	0.402	0.140
		50	0.097	0.069	0.110	0.075	0.260	0.092	0.114	0.075	0.269	0.092
		250	0.108	0.076	0.119	0.099	0.156	0.093	0.115	0.099	0.166	0.101
		1 000	0.100	0.077	0.101	0.087	0.105	0.096	0.105	0.087	0.116	0.094
	5	10	0.179	0.045	0.194	0.039	0.425	0.149	0.208	0.042	0.422	0.137
		50	0.103	0.073	0.111	0.088	0.263	0.108	0.120	0.078	0.270	0.093
		250	0.108	0.074	0.115	0.097	0.162	0.092	0.111	0.097	0.160	0.100
		1 000	0.100	0.076	0.098	0.083	0.109	0.098	0.109	0.086	0.116	0.098

表 4-10 在 10% 的显著性水平下扰动项为 skew-t 分布时有约束混频模型 Wald 和 Gumbel 检验的检验水平（$M = 1\,000$）

N	K_0	T/N	$H1_0: E[\eta_i \eta_j] = 0$ $i<j$ Wald	Gumbel	$H2_0: E[\eta_i \eta_j \eta_k] = 0$ $i<j<k$ Wald	Gumbel	$H3_0: E[\eta_i \eta_j \eta_k \eta_l] = 0$ $i<j<k<l$ Wald	Gumbel	$H1_0 + H2_0$ Wald	Gumbel	$H1_0 + H2_0 + H3_0$ Wald	Gumbel
5	1	10	0.139	0.015	0.130	0.006	0.103	0.004	0.166	0.010	0.170	0.007
		50	0.106	0.040	0.116	0.028	0.101	0.031	0.121	0.030	0.130	0.031
		250	0.094	0.053	0.120	0.062	0.108	0.029	0.114	0.064	0.126	0.067
		1000	0.099	0.060	0.111	0.065	0.095	0.050	0.111	0.063	0.120	0.065
	3	10	0.169	0.026	0.134	0.009	0.110	0.009	0.174	0.022	0.179	0.022
		50	0.118	0.042	0.118	0.029	0.103	0.033	0.124	0.042	0.132	0.045
		250	0.129	0.082	0.117	0.053	0.114	0.040	0.129	0.074	0.141	0.079
		1000	0.111	0.098	0.115	0.058	0.104	0.046	0.164	0.108	0.158	0.104
	5	10	0.171	0.022	0.131	0.007	0.123	0.006	0.183	0.013	0.177	0.012
		50	0.120	0.044	0.115	0.028	0.097	0.024	0.126	0.045	0.123	0.045
		250	0.106	0.059	0.116	0.051	0.121	0.034	0.116	0.065	0.138	0.069
		1000	0.109	0.101	0.106	0.053	0.100	0.050	0.106	0.102	0.103	0.106

表4-10(续)

N	K_0	T/N	$H1_0: E[\eta_i \eta_j] = 0$ $i<j$		$H2_0: E[\eta_i \eta_j \eta_k] = 0$ $i<j<k$		$H3_0: E[\eta_i \eta_j \eta_k \eta_l] = 0$ $i<j<k<l$		$H1_0 + H2_0$		$H1_0 + H2_0 + H3_0$	
			Wald	Gumbel	Wald	Gumbel	Wald	Gumbel	Wald	Gumbel	Wald	Gumbel
15	1	10	0.151	0.048	0.262	0.024	0.274	0.070	0.268	0.029	0.285	0.057
		50	0.130	0.068	0.212	0.071	0.242	0.072	0.214	0.074	0.250	0.076
		250	0.088	0.075	0.191	0.093	0.256	0.087	0.185	0.090	0.261	0.082
		1 000	0.106	0.079	0.159	0.090	0.229	0.085	0.170	0.083	0.232	0.089
	3	10	0.156	0.043	0.256	0.021	0.278	0.061	0.260	0.027	0.287	0.065
		50	0.127	0.075	0.210	0.068	0.235	0.084	0.209	0.074	0.243	0.082
		250	0.126	0.083	0.191	0.081	0.267	0.076	0.252	0.082	0.281	0.089
		1 000	0.120	0.106	0.158	0.086	0.228	0.080	0.160	0.107	0.234	0.100
	5	10	0.207	0.048	0.243	0.024	0.310	0.065	0.259	0.027	0.311	0.059
		50	0.134	0.088	0.198	0.076	0.232	0.092	0.206	0.093	0.238	0.103
		250	0.125	0.085	0.197	0.079	0.266	0.086	0.245	0.097	0.219	0.098
		1 000	0.117	0.093	0.115	0.096	0.101	0.101	0.133	0.101	0.192	0.107

表4-10(续)

N	K_0	T/N	$H1_0: E[\eta_i\eta_j]=0, i<j$ Wald	Gumbel	$H2_0: E[\eta_i\eta_j\eta_k]=0, i<j<k$ Wald	Gumbel	$H3_0: E[\eta_i\eta_j\eta_k\eta_l]=0, i<j<k<l$ Wald	Gumbel	$H1_0+H2_0$ Wald	Gumbel	$H1_0+H2_0+H3_0$ Wald	Gumbel
30	1	10	0.145	0.055	0.340	0.031	0.372	0.139	0.344	0.038	0.373	0.124
		50	0.116	0.086	0.277	0.087	0.341	0.106	0.282	0.087	0.341	0.102
		250	0.120	0.094	0.226	0.088	0.284	0.099	0.227	0.092	0.282	0.098
		1 000	0.096	0.082	0.210	0.082	0.312	0.109	0.218	0.086	0.314	0.102
	3	10	0.163	0.106	0.319	0.032	0.372	0.154	0.334	0.083	0.376	0.180
		50	0.110	0.104	0.278	0.087	0.340	0.113	0.273	0.092	0.343	0.103
		250	0.102	0.103	0.220	0.086	0.295	0.096	0.230	0.088	0.296	0.100
		1 000	0.109	0.107	0.212	0.086	0.389	0.130	0.281	0.099	0.393	0.132
	5	10	0.195	0.051	0.297	0.042	0.373	0.133	0.309	0.047	0.383	0.121
		50	0.125	0.097	0.248	0.090	0.343	0.106	0.256	0.094	0.347	0.111
		250	0.139	0.112	0.206	0.081	0.300	0.092	0.215	0.087	0.308	0.088
		1 000	0.266	0.104	0.201	0.089	0.345	0.101	0.233	0.102	0.349	0.104

表 4-11　在 10% 的显著性水平下扰动项为正态分布遗漏变量时有约束混频模型 Wald 和 Gumbel 检验功效（$M = 1000$）

N	K_0	K_a	T/N	\multicolumn{2}{c}{$H_0: E[\eta_i \eta_j] = 0, i<j$}	\multicolumn{2}{c}{$H2_0: E[\eta_i \eta_j \eta_k] = 0, i<j<k$}	\multicolumn{2}{c}{$H3_0: E[\eta_i \eta_j \eta_k \eta_l] = 0, i<j<k<l$}	\multicolumn{2}{c}{$H1_0 + H2_0$}	\multicolumn{2}{c}{$H1_0 + H2_0 + H3_0$}
				Wald	Gumbel	Wald	Gumbel	Wald	Gumbel	Wald	Gumbel	Wald	Gumbel
5	3	1	10	0.135	0.016	0.140	0.010	0.122	0.008	0.125	0.009	0.155	0.007
			50	0.336	0.161	0.120	0.046	0.157	0.051	0.289	0.136	0.304	0.138
			250	1.000	0.995	0.267	0.097	0.388	0.198	0.998	0.991	0.998	0.989
			1000	1.000	1.000	0.530	0.262	0.876	0.728	1.000	1.000	1.000	1.000
5	5	1	10	0.132	0.014	0.131	0.005	0.128	0.015	0.138	0.005	0.166	0.009
			50	0.381	0.172	0.142	0.048	0.200	0.059	0.334	0.130	0.348	0.138
			250	1.000	0.995	0.329	0.115	0.537	0.244	1.000	0.993	1.000	0.992
			1000	1.000	1.000	0.753	0.322	0.969	0.821	1.000	1.000	1.000	1.000
5	5	3	10	0.129	0.013	0.138	0.010	0.134	0.010	0.140	0.010	0.165	0.009
			50	0.128	0.057	0.113	0.038	0.118	0.032	0.127	0.054	0.146	0.065
			250	0.502	0.258	0.111	0.064	0.096	0.039	0.401	0.215	0.360	0.205
			1000	0.999	0.963	0.116	0.060	0.121	0.051	0.987	0.941	0.979	0.921

表4-11（续）

N	K_0	K_a	T/N	$H1_0: E[\eta_i\eta_j]=0$ $i<j$ Wald	Gumbel	$H2_0: E[\eta_i\eta_j\eta_k]=0$ $i<j<k$ Wald	Gumbel	$H3_0: E[\eta_i\eta_j\eta_k\eta_l]=0$ $i<j<k<l$ Wald	Gumbel	$H1_0+H2_0$ Wald	Gumbel	$H1_0+H2_0+H3_0$ Wald	Gumbel
15	3	1	10	0.342	0.067	0.211	0.027	0.428	0.095	0.305	0.033	0.440	0.085
			50	0.999	0.897	0.464	0.110	0.890	0.520	0.984	0.716	0.958	0.686
			250	1.000	1.000	0.960	0.406	1.000	1.000	1.000	1.000	1.000	1.000
			1 000	1.000	1.000	1.000	0.993	1.000	1.000	1.000	1.000	1.000	1.000
	5	1	10	0.606	0.113	0.265	0.024	0.545	0.126	0.435	0.044	0.580	0.116
			50	1.000	1.000	0.627	0.142	0.991	0.802	1.000	0.991	1.000	0.981
			250	1.000	1.000	0.996	0.583	1.000	1.000	1.000	1.000	1.000	1.000
			1 000	1.000	1.000	1.000	0.998	1.000	1.000	1.000	1.000	1.000	1.000
	5	3	10	0.462	0.076	0.181	0.022	0.382	0.083	0.296	0.030	0.433	0.074
			50	1.000	0.987	0.263	0.075	0.905	0.440	0.999	0.916	0.988	0.836
			250	1.000	1.000	0.362	0.136	1.000	1.000	1.000	1.000	1.000	1.000
			1 000	1.000	1.000	0.429	0.146	1.000	1.000	1.000	1.000	1.000	1.000

表4-11(续)

N	K_0	K_a	T/N	$H1_0: E[\eta_i\eta_j]=0$ $i<j$		$H2_0: E[\eta_i\eta_j\eta_k]=0$ $i<j<k$		$H3_0: E[\eta_i\eta_j\eta_k\eta_l]=0$ $i<j<k<l$		$H1_0+H2_0$		$H1_0+H2_0+H3_0$	
				Wald	Gumbel	Wald	Gumbel	Wald	Gumbel	Wald	Gumbel	Wald	Gumbel
30	3	1	10	0.842	0.171	0.408	0.063	0.744	0.309	0.599	0.074	0.755	0.298
			50	1.000	1.000	0.869	0.191	1.000	0.971	1.000	1.000	1.000	1.000
			250	1.000	1.000	1.000	0.887	1.000	1.000	1.000	1.000	1.000	1.000
			1 000	1.000	1.000	1.000	1.000	1.000	1.000	1.000	1.000	1.000	1.000
	5	1	10	1.000	0.425	0.613	0.071	0.952	0.480	0.941	0.173	0.963	0.458
			50	1.000	1.000	0.978	0.317	1.000	1.000	1.000	1.000	1.000	1.000
			250	1.000	1.000	1.000	0.975	1.000	1.000	1.000	1.000	1.000	1.000
			1 000	1.000	1.000	1.000	1.000	1.000	1.000	1.000	1.000	1.000	1.000
	5	3	10	0.987	0.265	0.292	0.036	0.733	0.210	0.705	0.078	0.758	0.201
			50	1.000	1.000	0.562	0.102	1.000	0.980	1.000	1.000	1.000	1.000
			250	1.000	1.000	0.683	0.136	1.000	1.000	1.000	1.000	1.000	1.000
			1 000	1.000	1.000	0.866	0.173	1.000	1.000	1.000	1.000	1.000	1.000

表 4–12 在 10% 的显著性水平下扰动项为 skew–t 分布遗漏变量时有约束混频模型 Wald 和 Gumbel 检验功效（$M=1\,000$）

N	K_0	K_a	T/N	\multicolumn{2}{c	}{$H1_0: E[\eta_i\eta_j]=0$, $i<j$}	\multicolumn{2}{c	}{$H2_0: E[\eta_i\eta_j\eta_k]=0$, $i<j<k$}	\multicolumn{2}{c	}{$H3_0: E[\eta_i\eta_j\eta_k\eta_l]=0$, $i<j<k<l$}	\multicolumn{2}{c	}{$H1_0+H2_0$}	\multicolumn{2}{c}{$H1_0+H2_0+H3_0$}
				Wald	Gumbel	Wald	Gumbel	Wald	Gumbel	Wald	Gumbel	Wald	Gumbel
5	3	1	10	0.151	0.023	0.149	0.011	0.112	0.009	0.188	0.015	0.188	0.015
			50	0.345	0.246	0.152	0.047	0.150	0.068	0.303	0.191	0.289	0.184
			250	0.999	0.999	0.231	0.122	0.384	0.298	0.996	0.998	0.994	0.998
			1 000	1.000	1.000	0.501	0.332	0.844	0.924	1.000	1.000	1.000	1.000
	5	1	10	0.149	0.030	0.139	0.011	0.113	0.007	0.179	0.018	0.188	0.014
			50	0.410	0.210	0.176	0.050	0.186	0.072	0.342	0.170	0.332	0.178
			250	1.000	1.000	0.333	0.129	0.533	0.357	1.000	1.000	1.000	1.000
			1 000	1.000	1.000	0.767	0.412	0.978	0.936	1.000	1.000	1.000	1.000
	5	3	10	0.151	0.018	0.146	0.006	0.116	0.006	0.172	0.012	0.177	0.013
			50	0.141	0.049	0.123	0.033	0.102	0.038	0.127	0.040	0.138	0.044
			250	0.483	0.344	0.111	0.050	0.111	0.041	0.373	0.288	0.345	0.268
			1 000	1.000	0.998	0.112	0.049	0.126	0.061	0.997	0.996	0.992	0.995

4 基于混频因子模型的高阶矩最优因子个数识别研究

表4-12(续)

N	K_0	K_a	T/N	$H1_0: E[\eta_i\eta_j]=0, i<j$ Wald	Gumbel	$H2_0: E[\eta_i\eta_j\eta_k]=0, i<j<k$ Wald	Gumbel	$H3_0: E[\eta_i\eta_j\eta_k\eta_l]=0, i<j<k<l$ Wald	Gumbel	$H1_0+H2_0$ Wald	Gumbel	$H1_0+H2_0+H3_0$ Wald	Gumbel
15	3	1	10	0.416	0.107	0.291	0.031	0.373	0.116	0.351	0.052	0.377	0.106
			50	0.999	0.993	0.434	0.114	0.698	0.703	0.909	0.958	0.780	0.934
			250	1.000	1.000	0.936	0.641	1.000	1.000	1.000	1.000	1.000	1.000
			1 000	1.000	1.000	1.000	1.000	1.000	1.000	1.000	1.000	1.000	1.000
	5	1	10	0.691	0.214	0.329	0.042	0.449	0.173	0.451	0.083	0.482	0.151
			50	1.000	1.000	0.602	0.189	0.958	0.942	0.999	1.000	0.991	1.000
			250	1.000	1.000	0.996	0.777	1.000	1.000	1.000	1.000	1.000	1.000
			1 000	1.000	1.000	1.000	1.000	1.000	1.000	1.000	1.000	1.000	1.000
	5	3	10	0.507	0.138	0.258	0.032	0.342	0.082	0.330	0.049	0.363	0.081
			50	1.000	1.000	0.308	0.094	0.754	0.768	0.995	0.998	0.885	0.992
			250	1.000	1.000	0.375	0.153	1.000	1.000	1.000	1.000	1.000	1.000
			1 000	1.000	1.000	0.447	0.348	1.000	1.000	1.000	1.000	1.000	1.000

表4-12(续)

N	K_0	K_a	T/N	$H1_0: E[\eta_i \eta_j] = 0$ $i<j$ Wald	Gumbel	$H2_0: E[\eta_i \eta_j \eta_k] = 0$ $i<j<k$ Wald	Gumbel	$H3_0: E[\eta_i \eta_j \eta_k \eta_l] = 0$ $i<j<k<l$ Wald	Gumbel	$H1_0 + H2_0$ Wald	Gumbel	$H1_0 + H2_0 + H3_0$ Wald	Gumbel
30	3	1	10	0.871	0.349	0.417	0.061	0.531	0.318	0.510	0.113	0.537	0.314
			50	1.000	1.000	0.725	0.268	0.967	0.994	0.998	1.000	0.979	1.000
			250	1.000	1.000	1.000	0.993	1.000	1.000	1.000	1.000	1.000	1.000
			1 000	1.000	1.000	1.000	1.000	1.000	1.000	1.000	1.000	1.000	1.000
	5	1	10	1.000	0.779	0.564	0.065	0.748	0.522	0.809	0.311	0.758	0.520
			50	1.000	1.000	0.942	0.390	1.000	1.000	1.000	1.000	1.000	1.000
			250	1.000	1.000	1.000	1.000	1.000	1.000	1.000	1.000	1.000	1.000
			1 000	1.000	1.000	1.000	1.000	1.000	1.000	1.000	1.000	1.000	1.000
	5	3	10	0.989	0.522	0.372	0.042	0.519	0.245	0.577	0.148	0.533	0.247
			50	1.000	1.000	0.481	0.125	0.999	0.999	1.000	1.000	1.000	1.000
			250	1.000	1.000	0.609	0.208	1.000	1.000	1.000	1.000	1.000	1.000
			1 000	1.000	1.000	0.825	0.630	1.000	1.000	1.000	1.000	1.000	1.000

4.6 不同高阶矩最优因子个数识别方法的模拟比较

在因子模型最优因子个数识别方面，大多数已有研究均是基于均值-方差框架下展开的。Cragg 和 Donald（1997）以及 Bai 和 Ng（2002）通过使用信息准则、惩罚回归和拟合优度统计量在该框架下对最优因子个数的识别进行了较为详细的研究。在使用统计因子模型时，通常可以使用碎石图来决定主成分的个数或使用样本协方差矩阵的特征值来选择最优因子个数（Ahn 和 Horenstein，2013）。这些方法的共同特征是均没有考虑高阶矩问题。Boudt，Cornilly 和 Verdonck（2018b）通过采用最近邻估计量基于信息准则提出了一种高阶矩最优因子个数识别的方法。为了比较本书提出的方法与 Boudt 等（2018b）提出的方法的优劣，本节我们基于蒙特卡洛模拟的方法对两种方法在不同资产个数条件下因子最优个数选择效果进行了详细的比较。

4.6.1 基于最近邻矩估计方法的最优因子个数识别

在模型中随着因子个数 K 的增加，估计出来的各阶矩与样本矩的拟合程度会不断增加。因此，为了保证模型的精简性，Boudt 等（2018b）基于信息准则提出了一种基于高阶矩的最优因子个数选择方法，以保证在模型的拟合性和精简性中找到最优。经典的赤池信息准则（AIC）和贝叶斯信息准则（BIC）是两种常用的选择方法，在高阶矩上可以拓展为

$$AIC(\hat{\xi}_{nc}(\varrho)) = n(\hat{\xi}_s - \hat{\xi}_{nc})'\hat{W}(\hat{\xi}_s - \hat{\xi}_{nc}) + 2(p(\varrho + 3) + 2\varrho)$$

$$BIC(\hat{\xi}_{nc}(\varrho)) = n(\hat{\xi}_s - \hat{\xi}_{nc})'\hat{W}(\hat{\xi}_s - \hat{\xi}_{nc}) + (p(\varrho + 3) + 2\varrho)\log n$$

(4-34)

其中 $\hat{\xi}_{nc}(\varrho) = (\hat{\sigma}'_{nc}(\varrho), \hat{\varphi}'_{nc}(\varrho), \hat{\psi}'_{nc}(\varrho))'$ 为采用 ϱ 个实际使用解释变量个数估计高阶矩时各阶矩拉直后的向量。为了保证元素的唯一性，我们

仅选择在 $i < j < k < l$ 时 $\hat{\sigma}_{nc,\{ij\}}(\varrho)$、$\hat{\varphi}_{nc,\{ijk\}}(\varrho)$、$\hat{\psi}_{nc,\{ijkl\}}(\varrho)$ 矩阵的元素。进一步地，采用样本估计高阶矩并拉直后的向量 $\hat{\xi}_s$ 可表示为 $\hat{\xi}_s(k) = (\hat{\sigma}'_s, \hat{\varphi}'_s, \hat{\psi}'_s)'$，其中 $\hat{\sigma}'_{s,\{ij\}}$、$\hat{\varphi}'_{s,\{ijk\}}$ 和 $\hat{\psi}'_{s,\{ijkl\}}$ 为样本矩估计量，可由如下方程获得：

$$\hat{\sigma}_{s,\{ij\}} = \frac{1}{T}\sum_{m=1}^{T}(x_{mi}-\bar{x}_i)(x_{mj}-\bar{x}_j)$$

$$\hat{\varphi}_{s,\{ijk\}} = \frac{1}{T}\sum_{m=1}^{T}(x_{mi}-\bar{x}_i)(x_{mj}-\bar{x}_j)(x_{mk}-\bar{x}_k)$$

$$\hat{\psi}_{s,\{ijkl\}} = \frac{1}{T}\sum_{m=1}^{T}(x_{mi}-\bar{x}_i)(x_{mj}-\bar{x}_j)(x_{mk}-\bar{x}_k)(x_{ml}-\bar{x}_l) \quad (4-35)$$

其中 $i, j, k, l = 1, \cdots, N$，且 $i < j < k < l$，$\bar{x} = \frac{1}{T}\sum_{m=1}^{T}x_m$。

由于权重矩阵 $\hat{W}$ 选择会直接影响 AIC 准则和 BIC 准则选择的因子个数，因此有必要讨论权重矩阵 $\hat{W}$ 的设定方法。当样本量足够大时，Boudt, Cornilly 和 Verconck（2018b）建议使用 $\hat{\Xi}$ 矩阵的逆作为最优权重，即 $\hat{W}_A = \hat{\Xi}^{-1}$，其中 $\hat{\Xi}$ 为样本矩 $\hat{\xi}_s$ 的渐近协方差矩阵，可由如下进行估计：

$$\hat{\Xi} = \frac{1}{n}\sum_{t=1}^{T}\xi_{x_t}\xi'_{x_t} \quad (4-36)$$

其中 $\xi_x = (\sigma'_x, \psi'_x, \psi'_x)'$，且：

$$\sigma_{x,\{ij\}} = (x_i-\bar{x}_i)(x_j-\bar{x}_j) - \hat{\sigma}_{s,\{ij\}}$$

$$\varphi_{x,\{ijk\}} = (x_i-\bar{x}_i)(x_j-\bar{x}_j)(x_k-\bar{x}_k) -$$

$$\hat{\varphi}_{s,\{ijk\}}(x_i-\bar{x}_i)\hat{\sigma}_{s,\{jk\}} - (x_j-\bar{x}_j)\hat{\sigma}_{s,\{ik\}} - (x_k-\bar{x}_k)\hat{\sigma}_{s,\{ij\}}$$

$$\psi_{x,\{ijkl\}} = (x_i-\bar{x}_i)(x_j-\bar{x}_j)(x_k-\bar{x}_k)(x_l-\bar{x}_l) - \hat{\psi}_{s,\{ijkl\}} -$$

$$(x_i-\bar{x}_i)\hat{\varphi}_{s,\{jkl\}} - (x_j-\bar{x}_j)\hat{\varphi}_{s,\{ikl\}} - (x_k-\bar{x}_k)\hat{\varphi}_{s,\{ijl\}} -$$

$$(x_l-\bar{x}_l)\hat{\varphi}_{s,\{ijk\}} \quad (4-37)$$

当样本容量 T 大于向量 ξ_{x_t} 长度时，估计量 $\hat{\Xi}$ 为正定矩阵，但随着资

产个数 N 的增加以及观测样本 T 的限制，ξ_{x_t} 长度可能会接近甚至超过样本观测长度 T，此时矩阵 $\hat{\Xi}$ 的估计误差较大，可考虑仅使用其对角矩阵 $\hat{W}_D = \text{diag}(\hat{\Xi}^{-1})$，忽略 $\hat{\Xi}$ 矩阵中非对角元素给结果可能带来的影响。同时，考虑到协方差、协偏度和协峰度具有不同的数量级，因此可对各阶矩通过适当的权重进行调整，此时调整后的矩阵可表示为

$$\hat{W}_{D,w} = \hat{W}_D \begin{pmatrix} I_{\#\sigma}/\#\sigma & 0 & 0 \\ 0 & I_{\#\varphi}/\#\varphi & 0 \\ 0 & 0 & I_{\#\psi}/\#\psi \end{pmatrix} \qquad (4-38)$$

4.6.2 基于不同方法的最优因子个数识别的比较

为了比较不同方法对高阶矩最优因子个数识别能力的优劣，我们将有约束混频因子模型以及对应的基于 AIC 准则的两种方法采用模拟进行了详细比较。模拟具体设定过程如下：

第 1 步。假定 K_0 为混频因子模型数据生成过程中的真实因子个数。同样采用有放回抽样获得观测样本个数为 $s \times T$ 的高频随机样本 $F_t^{K_0} = (F_{1t}^{(s)}, \cdots, F_{K_0 t}^{(s)})'$。

第 2 步。由于有约束混频因子模型相对于无约束混频模型可以大大减少待估参数个数，从而减少估计误差，因此我们使用式（3-21）的有约束混频因子模型，并通过使用假定超参数服从包含两个参数的标准化指数阿尔蒙滞后形式对各只股票的收益率分别进行回归，然后分别使用 AIC 准则从滞后 0 期到 7 期中选择最优的滞后阶数。以此获得对应的残差项、截距项和因子载荷矩阵。

第 3 步。使用 skew-t 分布 $SKT(\hat{\mu}_i, \hat{\sigma}_i, \hat{\nu}_i, \hat{\zeta}_i)$ 生成观测样本为 T 的误差项，并将标准化后的误差项作为参数校准样本。

第 4 步。利用式（3-21）以及估计得到的截距项和因子载荷矩阵，重新获得在假定因子个数为 K_0 时观测为 T 的收益率序列 R_t。

第5步。分别使用上述提供的四种方法计算最优因子个数。

重复上述过程 $M = 1\,000$ 次，并计算两种方法准确识别真实因子个数时的比重。具体结果如表 4-13 所示。

表 4-13 给出了基于 AIC 信息准则和有约束混频多因子模型最优因子个数识别的比较结果[①]。考虑到在实际构建投资组合中所使用的股票个数往往较多，因此此处我们分别给出了资产个数为 $N = 15$ 和 $N = 30$ 下的两种情况，并将不同方法下正确识别因子个数的比重进行了汇总。具体来看，基于 AIC 信息准则选择的最优因子个数在资产个数相对较少条件下往往过于保守。特别地，在表 4-13 模拟结果中即使当资产个数达到了 $N = 15$ 且真实因子个数大于 1，绝大多数情况下 AIC 信息准则仍倾向于仅选择包含 1 个因子，随着资产个数 N 的进一步增加，当资产个数 $N = 30$ 时，基于 AIC 信息准则的最优因子个数识别方法可以得到明显的改善，其在真实因子个数大于 1 时正确识别因子个数的比重随着 T/N 比的增加而显著提高。尽管如此，有约束混频因子模型无论在资产个数 $N = 15$ 还是 $N = 30$ 时，均可以以较高的概率准确选择到真实的因子个数，并且随着 T/N 比的增加，相对于 AIC 信息准则方法，有约束混频因子模型准确识别真实因子个数的能力也会更为准确。

---

① 由于 Gumbel 检验在资产个数较多时具有更好的检验水平和检验功效，因此在有约束混频因子模型中我们仅使用了 Gumbel 统计量。在信息准则的选择上，考虑到 BIC 准则在选择最优因子个数时对函数的惩罚力度更大，且其模拟结果与 AIC 差异较小，故而在表中省略。

表 4–13 基于 AIC 信息准则和有约束混频多因子模型最优因子个数识别的比较（$M = 1\,000$）

N	K_0	T/N	$H1_0: E[\eta_i \eta_j] = 0$, $i<j$		$H2_0: E[\eta_i \eta_j \eta_k] = 0$, $i<j<k$		$H3_0: E[\eta_i \eta_j \eta_k \eta_l] = 0$, $i<j<k<l$		$H1_0 + H2_0$		$H1_0 + H2_0 + H3_0$	
			AIC	R-MIDAS	AIC	R-MIDAS	AIC	R-MIDAS	AIC	R-MIDAS	AIC	R-MIDAS
15	1	10	1.000	0.922	1.000	0.949	0.999	0.873	1.000	0.948	0.999	0.890
		50	1.000	0.849	1.000	0.886	0.996	0.800	1.000	0.930	0.997	0.865
		250	1.000	0.914	0.999	0.926	0.927	0.761	0.999	0.922	0.931	0.881
		1 000	1.000	0.313	0.999	0.864	0.888	0.625	0.999	0.946	0.892	0.893
	3	10	0.000	0.907	0.000	0.892	0.000	0.860	0.000	0.894	0.000	0.864
		50	0.000	0.944	0.000	0.855	0.006	0.889	0.000	0.829	0.005	0.805
		250	0.000	0.930	0.000	0.815	0.051	0.835	0.002	0.818	0.050	0.830
		1 000	0.000	0.962	0.002	0.901	0.135	0.880	0.000	0.893	0.128	0.880
	5	10	0.000	0.406	0.000	0.833	0.000	0.081	0.000	0.307	0.000	0.224
		50	0.000	0.868	0.000	0.886	0.001	0.829	0.000	0.850	0.001	0.890
		250	0.000	0.881	0.000	0.882	0.017	0.869	0.000	0.855	0.016	0.877
		1 000	0.773	0.869	0.000	0.826	0.658	0.858	0.000	0.869	0.625	0.856

表4-13(续)

N	K_0	T/N	$H1_0: E[\eta_i \eta_j] = 0$ $i < j$		$H2_0: E[\eta_i \eta_j \eta_k] = 0$ $i < j < k$		$H3_0: E[\eta_i \eta_j \eta_k \eta_l] = 0$ $i < j < k < l$		$H1_0 + H2_0$		$H1_0 + H2_0 + H3_0$	
			AIC	R-MIDAS	AIC	R-MIDAS	AIC	R-MIDAS	AIC	R-MIDAS	AIC	R-MIDAS
30	1	10	1.000	0.755	1.000	0.762	1.000	0.718	1.000	0.845	1.000	0.874
		50	1.000	0.638	1.000	0.891	0.999	0.906	1.000	0.748	0.999	0.798
		250	1.000	0.721	1.000	0.992	0.972	0.822	1.000	0.869	0.973	0.825
		1 000	1.000	0.988	1.000	0.917	0.956	0.975	1.000	0.926	0.957	0.970
	3	10	0.299	0.320	0.028	0.135	0.035	0.075	0.049	0.026	0.037	0.070
		50	0.859	0.892	0.076	0.382	0.114	0.214	0.614	0.884	0.164	0.825
		250	0.829	0.855	0.605	0.424	0.652	0.881	0.765	0.897	0.697	0.880
		1 000	0.502	0.767	0.783	0.893	0.600	0.832	0.709	0.873	0.597	0.833
	5	10	0.796	0.606	0.075	0.831	0.125	0.175	0.233	0.217	0.122	0.200
		50	0.875	0.903	0.202	0.881	0.651	0.894	0.744	0.906	0.653	0.889
		250	0.861	0.888	0.457	0.875	0.700	0.908	0.785	0.913	0.692	0.912
		1 000	0.734	0.860	0.760	0.846	0.655	0.899	0.767	0.898	0.651	0.896

因此，本章提出的基于混频多因子模型扰动项构建包含高阶矩的最优因子个数识别方法具有良好的应用前景。

4.7 本章小结

为了精确估计高阶矩投资组合收益及其对应的风险，降低协方差矩阵、协偏度矩阵以及协峰度矩阵的估计误差，无疑具有重要的理论和实践意义。在这一背景下，本章提出了一套可行的混频多因子模型高阶矩建模检验方法和最优因子识别策略，不仅在理论上证明了混频因子高阶矩模型检验的合理性，同时在实践中也表明了高阶矩投资组合的可行性。

首先，本章在数据生成过程为混频多因子模型的假定下，对扰动项构建的协方差矩阵、协偏度矩阵以及协峰度矩阵的稀疏性进行了探讨。研究发现，在混频因子模型适当设定的条件下，扰动项的各阶矩矩阵均具有明显的稀疏性。同时，我们进一步考虑了混频因子模型设定错误对高阶矩矩阵稀疏性的影响。结果表明遗漏高频解释变量会严重影响高阶矩矩阵的稀疏性。基于这一背景，我们得到了模型适当设定下高阶矩的真实分布和采用样本估计的已估高阶矩的渐近分布，由此获得了两种用于检验混频因子高阶矩模型最优因子个数的识别方法，即 Wald 检验和 Gumbel 检验。基于以上理论结果，我们进一步给出了在使用 Fama 和 French（2015）五因子模型时可以采用的最优因子个数筛选策略。

其次，为了进一步研究 Wald 检验和 Gumbel 检验在实际数据中是否依然具有优越性，验证 Wald 检验和 Gumbel 检验在识别最优高频因子个数方面的适当性，我们在本章采用了大量的蒙特卡洛模拟从检验水平和检验功效两个角度进行了检验。在数据来源方面，我们从我国沪深 300 成分股中选择出了具有相对较长交易日的 73 只上市公司股票作为研究对象。在混频多因子模型设定方面，我们同时考虑了无约束混频多因子模型和有约束混频多因子模型两种情况。在参数校准过程中，本书参考了 Fan 等（2018）在估计高维协方差矩阵时使用的模拟方法，并同时考虑了扰动项为正态分布和 skew-t 分布两种情况。在验证检验水平时，我们使用和数据生成过程一致的高频因子个数构建混频多因子模型并重复模拟 1 000 次；在验证统计量的检验功效时，我们考虑了多种模型设定错误的可能，如无约束混频多因子模型下遗漏高频解释变量，以及低估高频解释变量滞后阶数和有约束混频因子模型下遗漏高频解释变量等多种情况，并同样将构建的混频多因子模型重复模拟 1 000 次。大量的模拟结果表明：在模型选择方面，U-MIDAS 模型在有限样本下使用较多的高频解释变量无益于提高混频模型的检验水平。相比之下，R-MIDAS 模型在有限观测样本条件下，即使用较多的高频解释变量依然可以保持稳健的检验水平。同时，R-MIDAS 模型在识别错误原假设方面具有和 U-MIDAS 模型类似的结果；在检验方法选择方面，Wald 检验在资产个数 N 较小时具有良好检验水平和检验功效，但在 N 较大时会存在扭曲。相比之下，Gumbel 检验作为一种非参数统计量在 N 较大时逐渐呈现出了其在高维条件下的优势。考虑到实践证券投资组合以及资产配置中资产个数 N 往往不会太小，采用 Gumbel 检验并基于 R-MIDAS 模型被推荐在高阶矩建模研究中使用。

  在本章的最后，我们将本书提出的方法与 Boudt 等（2018b）提出的最近邻估计方法进行了比较。同样通过采用重复模拟 1 000 次的方法，我们分别给出了在 N 为 15 和 30 时，使用有约束混频多因子模型的 Gumbel 检验对正确识别真实因子个数的比例进行了汇总。研究结果发现，基于最近邻估计方法使用 AIC 信息准则的最优因子个数识别方法过于保守，往往选择较少的因子个数；相比之下，Gumbel 检验在正确识别高频因子个数为 3 和 5 的能力更高，且随着 T/N 比的增加，Gumbel 检验的识别能力会进一步增强。

5 中国股票市场的混频多因子模型高阶矩投资组合研究

本章将基于第 4 章混频多因子高阶矩模型检验的研究结果，进一步利用中国股票市场 A 股上市公司数据，尝试构建混频多因子高阶矩模型以获得更为有效的高阶矩估计量，并利用已估高阶矩矩阵建立包含高阶矩的投资组合模型和通过全局优化算法得到最优的投资组合方案。本章中，我们将从统计意义和经济价值两个方面对基于混频多因子模型构建的高阶矩投资组合在中国金融市场的研究价值进行深入的探析。为了探究本书提出的混频多因子模型在估计高阶矩矩阵方面的能力，在构建高阶矩投资组合模型时，同时还考虑了传统的基于朴素估计的高阶矩投资组合模型、常相关系数高阶矩投资组合模型以及同频多因子投资组合模型等多种已有方法作为对照，以进一步表明构建混频多因子高阶矩模型的优势。

5.1 研究背景

由 Markowitz（1952）提出均值-方差投资组合模型，改变了传统的纯粹描述性研究和单凭经验分析以及管理投资组合的方式，为量化资产组合收益和风险，以及构建最优的投资组合提供了强有力的基础，开创了现代投资组合理论的先河。在其研究中，均值-方差投资组合模型与期望效用最大化原则相一致的充分必要条件为投资者的效用函数为二次函数和（或）风险资产收益率服从正态分布（彭胜志，2012）。然而，大量研究表明资产收益率分布具有尖峰厚尾、非对称等高阶矩特征，以及投资者效用函数具有明显的非二次性。这也导致了 Markowitz（1952）的均值-方差分析和期望效用原则具有一致性的充分条件不再成立（Markowitz，1952；Liu，2004；Hong，Tu 和 Zhou，2007；Markowitz，2014）。因此，包含更高阶矩的投资组合模型逐渐得到了学者们的关注。Kenall 和 Hill（1953），Mandelbrot（1963a，1963b）等学者最早关注到了金融市场中存在高阶矩的问题，通过对资产收益率的经验分布研究发现其具有明显的非对称性和超额峰度特征。Arditti（1967，1971）研究发现个体投资者对于分布形式为正偏度的资产具有明显的偏好。尽管如此，资产收益率高阶矩的存在并没有彻底改变使用传统的均值-方差投资组合分析方法。除非资产收益率的真实参数已知，否则采用样本构建的均值和协方差矩阵往往涉及较大的估计误差，这使得投资组合往往缺乏稳健性，而高阶矩矩阵中待估参数会随着资产个数的增加成指数倍增加，因而大大降低了高阶矩投资组合的吸引力。

  在早期研究中，为了缓解协方差矩阵中存在的抽样误差问题，部分学者已经从多种角度提出了提高协方差系数估计的方法。其中一种方法是对协方差矩阵施加结构化约束以减少待估参数的个数，如常相关系数估计（Elton 和 Gruber，1973）、单因子模型估计（Sharpe，1963）和多因子模型估计（Chan，Karceski 和 Lakonishok，1999）方法等。面对高阶矩矩阵中存在的更为严重的抽样误差问题，沿用类似的思路，Martellini 和 Ziemann（2010）对高阶矩矩阵的估计也采用了同样的做法，分别提出了基于高阶矩的常相关系数估计、基于因子模型的估计和最优压缩估计方法。在其关于因子模型的研究中，为了避免因子个数的增加对样本自由度的损失，作者仅考虑了 Sharpe（1963）单因子模型。然而，大量研究已经表明，股票市场的风险往往是多维的，采用单因子模型不足以识别平均股票收益的截面特征（Fama 和 French，1992）。在国内，赵胜民、闫红蕾和张凯（2016）通过对我国 A 股市场交易数据和财务数据的实证研究发现，中国股市具有显著的市值效应和价值效应，而盈利因子和投资因子无益于解释我国股票组合的回报率。李志冰等（2017）同样使用我国 A 股上市公司作为样本研究发现，五因子模型在中国股市不同时期具有不同的影响，股改前市值效应占据主导地位，盈利因子和投资因子"冗余"，而股改后五因子模型效应显著。为了提高对收益率的解释能力并同时避免使用因子过多而导致自由度的大量损失，我们仅使用有约束的混频因子模型对高阶矩矩阵进行建模。通过比较本书提出的混频多因子模型和其他已有方法所构建的高阶矩投资组合表现，详细探讨了混频多因子模型高阶矩建模在不同条件下相对于其他现有方法的优势，从而为市场参与者和监督管理者提供新的决策依据。

5.2 基于统计意义的混频多因子高阶矩建模的实证研究

5.2.1 数据处理与说明

在数据选择上，本书使用来自深圳和上海所有上市的 A 股股票数据作为分析样本，考虑到上市公司年度报告要求在每个会计年度结束之日起 4 个月内编制完成，因此我们选择 1998 年 5 月至 2018 年 4 月共 240 个月作为样本区间。另外，由于不同上市公司的市值规模存在较大差异且出现过财务异常状况或其他异常状况的 ST 股股价波动往往较大，因此我们采用统一的方法进行标准化处理。具体来看，我们剔除了至少有一个月的市值在当月所有股票市值分位数 20% 以下的公司以及在考察样本期间内曾发生过被 ST、PT、*ST 和退市整理的所有公司，最终我们获得在样本期间内具有有效收益率的共 147 只股票。对于因子数据，我们分别考虑了月度多因子数据以及周度多因子数据两种不同频率类型的数据，以方便后文对同频模型和混频模型进行比较，在具体数据选择上我们分别使用了 Fama-Fench（2015）方法计算得到月度和周度的五因子数据。需要说明的是，一般可得数据中，周度因子数据在与月度收益率构建混频多因子模型时在时间上可能存在错配，因此在实际使用时我们通过计算日度的 Fama-Fench（2015）五因子，保留当月内每周最后一个交易日的数据，对于当月内周度数据大于 4 的我们剔除当月第一周的观测值，对于当月内周度数据小于 4 的我们使用上月月末的周数据依次进行补足，在避免出现时间错配的同时，保证月度对周度的抽样频率倍差始终为 $s = 4$。本书所有数据均来自 CSMAR 经济金融研究数据库[①]。

5.2.2 研究方法

为了能从统计意义上评价本书提出的基于混频多因子模型估计高阶矩矩阵构建的投资组合的样本外表现，我们采用了 Chan、Karceki 和 Lakonishok（1999），Jagannathan 和 Ma（2003）以及 Martellini 和 Ziemann（2010）类似的经验研究方法。

考虑到人为构建选取一揽子股票作为投资组合具有主观性和随机性，无法从统计意义上验证不同方法的优劣，本书将采用如下两种方式进行处理：第一，我们随机地从上文处理后的我国 A 股市场抽取一揽子股票作为投资组合并将其重复进行 100 次以减少简单随机抽取一次带来的偏差；第二，对于每次随机抽取的一揽子股票构建的投资组合，我们始终持有这一组合（除权重外）而不再每年对其他进行调整。该方法的优势在于可以方便地衡量由不同方法估计得到的高阶矩投资组合的稳健性。同时，通过随

[①] 考虑到建立因子模型时需要使用剔除无风险收益的各股收益率，因此我们在构建投资组合之前对各股收益率均进行了调整，其中无风险基准利率使用了定期-整存整取一年利率，并根据复利计算方法，将年度的无风险利率转化为月度数据。

机 100 次抽样方便了解不同结果的分布情况，可以保证我们从统计意义上验证基于混频多因子估计以及其他方法的高阶矩估计质量（Jagannathan 和 Ma，2003；Martellini 和 Ziemann，2010）。此外，这一方法还可以方便地进行样本内的事后（ex-pos）分析，从而可以同其他方法进行直观的比较。需要说明的是，尽管我们通过重复抽样构建了 100 个投资组合，但由于该方法在整个样本期内并没有改变所投资标的资产，因此该方法可能会存在幸存者偏误问题。为了证明幸存者偏误不会对本书提出的研究方法产生显著的影响，在本章稳健性检验部分会对幸存者偏误可能带来的问题做进一步的检验。

部分研究已经表明资产收益率方差、偏度和峰度存在显著的自相关性（Jondeau 和 Rockinger，2003；Leon 等，2005；柯睿，2017）。为了减小各阶矩时变特征对构建投资组合的影响，本书采用滚动样本估计方法。具体来看，在每年的 4 月末，我们利用前 5 年共 60 个月的样本观测值通过不同方法计算得到 Σ、Φ 和 Ψ 的高阶矩估计量。这与 Chan、Karceki 和 Lakonishok（1999），Jagannathan 和 Ma（2003）以及 Martellini 和 Ziemann（2010）的做法相同，并将经过优化的投资组合将来持有 12 个月，即到下一年 4 月末重新对投资组合权重进行优化为止。最终，我们可以获得 15 年的月度样本外收益率以及权重数据。

在混频因子模型设定方面，参照本书第 4 章得出的结论，基于标准化指数阿尔蒙滞后多项式的 R-MIDAS 模型被用来估计高阶矩矩阵。在混频因子模型最优因子个数识别方面，考虑到使用有限的滚动样本基于混频因子模型估计高阶矩检验统计量的功效较小，因此在实际使用中通过采用 1998 年 5 月至 2018 年 4 月共 240 个月的历史所有样本数据进行估计，以选择最优因子个数，并基于对应的最优因子个数及其采用 BIC 准则选择的最优滞后阶数估计各阶矩矩阵，从而构建混频因子模型高阶矩投资组合。

5.2.3 实证研究

在实证研究方面，为了验证不同方法估计高阶矩投资组合时在统计意义上的差异，我们将分别从事后样本分析以及样本外分析两个方面对其进行评价。在从统计意义上分析构建的投资组合表现之前，我们先将混频因子模型最优因子个数预先设定，之后再对不同方法的事后样本内估计结果进行比较。

（1）混频因子模型最优因子个数结果分析

在投资组合的构建上，本书选择投资组合中资产数量 $N = 30$ 作为基准，考虑到资产个数较大时 Gumbel 检验逐渐呈现出较好的检验水平和检验功效，因而此处基于 Gumbel 统计量对重复 100 次获得各阶矩识别的最优因子个数进行检验并将其汇总，为了简化后文混频因子模型估计中使用的因子个数，我们在最优因子个数的选择上采用基于协方差、协偏度和协峰度联合检验（$H1_0 + H2_0 + H3_0$）识别出的因子个数作为本书最终使用的因子个数，而对于无法识别的超过 Fama-French（2015）五个因子的投资组合我们采用五因子进行估计。具体结果如表 5-1 所示。

表 5-1　基于 Gumbel 统计量最优因子个数识别检验

因子个数	$H1_0$	$H2_0$	$H3_0$	$H1_0 + H2_0$	$H1_0 + H2_0 + H3_0$
1	90	90	59	92	63
3	2	5	6	4	5
5	4	4	16	3	14
>5	4	1	19	1	18

注：最优因子个数的识别采用了全样本区间 1998 年 5 月至 2018 年 4 月共 240 个月的观测样本。其中 $H1_0$ 表示协方差检验，$H2_0$ 表示协偏度检验，$H3_0$ 表示协峰度检验，$H1_0 + H2_0$ 表示协方差和协偏度的联合检验，$H1_0 + H2_0 + H3_0$ 表示协方差、协偏度以及协峰度的联合检验。表中所有结果从所有资产中抽取 30 只股票并重复 100 次获得。

由表 5-1 可知，在所构建的 100 次 $N = 30$ 的投资组合中，共有 63 种投资组合选择单因子模型，5 种投资组合选择三因子模型，14 种投资组合选择五因子模型，另外构建的 18 种投组合的统计检验结果表明使用 Fama-French（2015）五因子仍然不足以完全包含高阶矩信息。

(2) 事后样本内估计结果分析

由于各阶矩的真实参数未知,因此这里我们使用 Martellini 和 Ziemann (2010) 的做法,考虑到样本估计量作为一致估计量随着样本量的增加收敛于真实参数这一事实,我们使用 1998 年 5 月至 2018 年 4 月共 240 个月的全样本的各阶矩估计量作为其真实矩的替代值,并通过计算估计误差将不同方法估计得到的各阶矩估计量与真实矩的替代估计量进行比较[①]。在计算样本矩和真实矩估计误差时,本书采用 Frobenius 范数作为衡量标准 (Fan 等; 2008)。对于构建的 100 种投资组合及其对应的各阶矩矩阵,我们分别获得 15 个年度的估计误差结果,最后对每个投资组合我们将其各阶矩估计误差在时间上求其平均值,并将平均估计误差的分布情况结果汇总到表 5-2 中。

表 5-2 均方估计误差结果

Σ	均值	标准差	最小值	5%分位数	中位数	95%分位数	最大值
朴素估计	0.115	0.012	0.095	0.098	0.114	0.137	0.157
独立估计	0.185	0.011	0.157	0.167	0.184	0.201	0.221
常相关估计	0.128	0.011	0.108	0.113	0.128	0.148	0.165
单因子估计	0.128	0.010	0.106	0.114	0.128	0.143	0.162
混频估计	0.129	0.011	0.110	0.114	0.128	0.145	0.166
Φ	均值	标准差	最小值	5%分位数	中位数	95%分位数	最大值
朴素估计	0.100	0.037	0.061	0.064	0.085	0.174	0.198
独立估计	0.075	0.037	0.039	0.043	0.060	0.151	0.159
常相关估计	0.076	0.036	0.041	0.045	0.062	0.151	0.159
单因子估计	0.083	0.036	0.047	0.050	0.068	0.156	0.167
混频估计	0.078	0.033	0.045	0.050	0.063	0.145	0.155

---

① 尽管使用全样本估计得到的各阶样本矩阵是其对应真实矩的一致估计,但在样本量有限的条件下依然会存在抽样误差。同时,此处我们排除了各阶矩的真实参数存在结构突变或者时变的可能性。

表 5-2（续）

Ψ	均值	标准差	最小值	5%分位数	中位数	95%分位数	最大值
朴素估计	0.174	0.110	0.074	0.082	0.126	0.391	0.437
独立估计	0.163	0.105	0.076	0.085	0.119	0.374	0.393
常相关估计	0.233	0.115	0.131	0.141	0.184	0.468	0.501
单因子估计	0.148	0.108	0.064	0.069	0.101	0.364	0.378
混频估计	0.140	0.099	0.064	0.069	0.095	0.340	0.352

注：在每年的 4 月末，将不同的高阶矩估计方法利用前 60 个月的样本进行估计并与采用全样本（1998 年 5 月至 2018 年 4 月）的估计结果进行比较。各阶矩的估计差异采用 Frobenius 范数并将每个投资组合的估计结果在时间上求其平均。表中描述统计结果为重复随机抽取 100 次投资组合的平均 Frobenius 范数。样本外区间为 2003 年 5 月至 2018 年 4 月。

由表 5-2 均方估计误差结果可以发现，对于协方差矩阵 Σ 的估计，采用基于样本的朴素估计从平均意义上来看仍然具有最小的估计误差。Jagannathan 和 Ma（2003）在研究均值方差有效投资组合时发现，在约束恰当的条件下采用样本构建的全局最小方差投资组合与施加因子结构假定的协方差矩阵表现一致。此处我们进一步证实了这一结论。同时，使用独立性假定约束过强反而使得估计误差最大，而常相关估计、单因子估计以及混频估计平均来看差异较小。可以发现，尽管使用单因子模型以及混频模型估计相对于朴素估计在 Σ 上均方估计误差上并不是最小，但却有最小的标准差。其中，同频单因子模型均方估计误差的标准差最小，达到了 0.010，混频因子模型次之。

对于更高阶矩 Φ 和 Ψ 而言，结构估计量方法逐渐呈现出了其在估计上的优势。具体来看，在估计协偏度矩阵 Φ 方面，所有结构化的估计方法相对于仅使用样本的朴素估计均具有更小的估计误差和标准差。其中，独立估计、常相关估计、单因子估计以及混频模型估计相对于朴素估计，其估计误差分别下降了 25%、24%、17% 和 22%；在估计协峰度矩阵 Ψ 方面，除常相关估计以外，其他方法依然显著优于朴素估计。特别地，混频因子模型此时呈现出了更优的估计效果，平均估计误差以及标准差均为最小。

此时，独立估计、单因子估计和混频模型估计相对于朴素估计在估计误差方面分别下降了约 6.322%、14.943% 和 19.540%。由此可见，高阶矩模型在使用样本估计协偏度矩阵 Φ 时误差最大，协峰度矩阵 Ψ 次之。

(3) 投资组合结果分析

下面，我们转向投资组合构建结果分析。部分研究已经表明使用样本估计作为总体估计的替代值往往会恶化投资组合优化的结果（Jorion, 1986）。Brand（2005）在研究均值-方差投资组合时发现，使用样本估计的全局最小方差投资组合往往会高估夏普比率。与此同时，采用样本均值和样本协方差矩阵构建的均值-方差有效投资组合往往同样具有糟糕的样本外表现（Jobson 和 Korkie，1980，1981；Frost 和 Savarino，1986，1988；Jorion，1986；Black 和 Litterman，1992）。

采用 Green 和 Hollifield（1992），Chan 等（1999），以及 Martellini 和 Ziemann（2010）的做法，我们同样尝试构建全局最小方差投资组合，以避免均值估计误差对投资组合产生的影响。具体来看，在构建投资组合模型之前，我们对所有资产收益率做了中心化处理，即令 $\mu = 0$ 来消除期望收益的影响。在效用函数的设定上，我们使用了与 Martellini 和 Ziemann（2010）和 Boudt、Lu 和 Peeters（2015）文中相同的常相对风险厌恶系数不变（CRRA）形式目标函数进行优化，以寻找最优的投资组合配置结果，此时式（3-11）可表示为如下形式：

$$\min_\omega \left[\frac{\gamma}{2} \omega' \Sigma \omega - \frac{\gamma(\gamma+1)}{6} \omega' \Phi (\omega \otimes \omega) + \frac{\gamma(\gamma+1)(\gamma+2)}{24} \omega' \Psi (\omega \otimes \omega \otimes \omega) \right]$$

$$s.t.: \omega' 1_N = 1 \tag{5-1}$$

其中，1_N 为元素均为 1 的 N 维列向量；γ 为相对风险厌恶系数，反映了投资者在收益率方差、偏度以及峰度偏好上的取舍，本书中我们采用相对风险厌恶系数 $\gamma = 10$ 作为基准，同时也考虑了较为常见的 $\gamma = 5$ 作为稳健性检验一并在后文给出。

为了分析构建的投资组合表现结果，我们采用了 Campbell 和 Viceira

(1999，2001)，Kandel 和 Stambaugh（1996）以及 Ang 和 Bekaert（2002）提出的类似于确定性等价的衡量方式以计算效用损失或货币补偿，此处我们可以将其定义为当给予投资者投资于基于样本构建的投资组合时，需要多少额外的货币补偿才能与使用结构化方法构建的高阶矩投资组合在效用上无差异。

假定财富量 $\overline{W}$ 为投资者为了使用 $\{\alpha^+\}$ 替代 $\{\alpha^*\}$ 在时间长度 T 期内所需要的货币补偿，此时可以将其表示为如下形式：

$$E_0[U(W_T^* \mid W_0 = 1)] = E_0[U(W_T^+ \mid W_0 = \overline{W})] \qquad (5-2)$$

在本书中，由于我们假定了效用函数的具体形式为 CRRA 型，因此式（5-2）可进一步表述为如下形式：

$$\frac{1}{T}\sum_{t=1}^{T}\frac{[(1+R_t^{(*)})]^{1-\gamma}}{1-\gamma} = \frac{1}{T}\sum_{t=1}^{T}\frac{[\overline{W}(1+R_t^{(+)})]^{1-\gamma}}{1-\gamma} \qquad (5-3)$$

其中上标（*）表示使用结构化方法估计得到的投资组合收益率，上标（+）表示使用朴素估计得到的投资组合收益率。由于本书使用的资产收益率序列为月度数据，因此我们可以计算年度货币需求支付［货币效用收益（MUG）］为 MUG = $\overline{W}^{12} - 1$。此时 MUG 也可理解为投资者将 1 单位货币放在朴素估计构建的投资组合时需要的额外补偿货币金额，或看作从朴素估计转为其他方法增加的确定性等价比例。

在后文的货币效用收益分析以及投资组合权重分析等部分，我们始终采用投资组合中资产个数 $N = 30$，投资者相对风险厌恶系数为 $\gamma = 10$，和滚动样本长度为 60 个月作为参考基准进行分析。在后续的稳健性检验中，我们将通过调整风险厌恶系数和滚动样本长度等来做进一步的验证。

表 5-3 给出了利用式（5-3）计算的货币效用收益结果。由不同估计方法重复 100 次得到的货币效用收益均值结果可以发现，基于不同结构化方法构建包含高阶矩的投资组合相对于样本估计方法均具有明显的优势。具体来看，对于具有 CRRA 型效用函数的投资者通过使用结构化建模估计方法，其货币效用收益年平均增加了 0.034% ~ 0.580%，而事后估计得到的货币效用收益可以看作可能达到的最优结果。从货币效用收益的大小来

看，独立估计由于假定过于苛刻因而可能存在严重的设定误差，此时得到的货币效用收益最小，为 0.034%，常相关估计次之但明显好于独立估计方法，货币效用收益为 0.255%。相对于其他方法，采用因子模型具有更优的货币效用收益，采用单因子估计和混频估计分别达到了 0.550% 和 0.580%。在所有结构化估计方法中，单因子估计和混频估计最接近于事后样本估计得到的最优货币效用收益。由此可见，基于投资组合样本外构建的货币效用函数明确表明了对高阶矩施加结构化约束的实际价值，且采用单因子模型以及混频模型可以更好地提高高阶矩投资组合的样本外表现。

表 5-3 货币效用收益

$N=30$	均值	标准差	最小值	5%分位数	中位数	95%分位数	最大值
独立估计	0.034	0.017	−0.028	−0.024	0.024	0.050	0.051
常相关估计	0.255	0.012	−0.447	−0.348	0.061	0.168	0.170
单因子估计	0.550	0.251	−0.290	−0.248	−0.067	0.861	0.871
混频估计	0.580	0.549	0.077	0.120	0.378	1.333	1.557
事后估计	1.041	1.017	−0.069	0.041	0.724	2.388	2.663

注：在每年的 4 月末，将不同的高阶矩估计方法利用前 60 个月的样本进行估计并采用 CRRA 型效用函数且厌恶系数为 $\gamma=10$ 获得对应的最优投资组合权重。我们持有这一优化后的权重直到下一年的 4 月末。货币效用收益（MUG）此处定义为投资者为了将 1 单位货币放在朴素估计构建的投资组合时需要的额外年度货币补偿金额。表中所有方法均重复抽样 100 次投资组合并获得其不同的描述统计结果。样本外区间为 2003 年 5 月至 2018 年 4 月。

由于样本估计风险-收益不确定性的存在，使得在允许做空以及对权重无约束条件下优化得到的全局最小方差投资组合往往会得到无关的甚至是错误的结论[①]。特别地，采用基于样本估计构建的投资组合权重，在对其无约束时往往存在较高的做空比例和极端权重配置方式。Michaud 和 Michaud（2008）认为对权重不加约束的均值-方差投资组合甚至劣于等权

---

① Michaud, R, Michaud. Efficient Asset Management: A Practical Guide to Stock Portfolio Optimization and Asset Allocation [M]. Oxford Univeristy Press: 29.

重投资组合，因而不具有实际应用价值。为了了解采用结构估计得到的高阶矩矩阵是否可以缓解这一情况，表5-4中A、B、C、D四个部分分别汇总了当投资组合中资产个数 $N = 30$ 时做空权重比例、正向权重、最小权重以及最大权重共四种与最优权重指标相关的描述统计结果。

具体来看，表5-4（A）为不同方法构建的高阶矩投资组合优化后权重中做空资产个数占总资产个数 N 的占比，并重复100次后得到的平均结果。可以发现，在对投资组合权重无约束的条件下，基于样本构建的高阶矩投资组合优化后权重会产生最多的做空比例，平均来看单个资产组合中约有44.3%的资产出现了做空行为，相比较而言采用结构化建模估计高阶矩投资组合获得的最优权重中做空比例均明显减少，下降幅度平均达到了29.6%左右。同时还能发现采用混频因子模型估计高阶矩得到的权重不仅具有最小的做空比例30.9%，且十分接近采用全样本事后估计计算的最优权重28.6%。表5-4（B）中给出了与表5-4（A）相互对应的不同方法估计投资组合优化后的正向权重平均占比。由于样本估计倾向于存在较高的做空比例，因此其正向权重必然显著小于其他方法得到的权重。与此同时，表5-4（A）和表5-4（B）中标准差的大小进一步表明了这一结论具有较高的显著性。

表5-4 投资组合权重分析

（A）做空比例	均值	标准差	最小值	5%分位数	中位数	95%中位数	最大值
样本估计	0.443	0.019	0.411	0.413	0.442	0.479	0.496
独立估计	0.313	0.024	0.262	0.273	0.316	0.351	0.364
常相关估计	0.314	0.019	0.269	0.283	0.313	0.342	0.351
单因子估计	0.312	0.022	0.260	0.279	0.317	0.345	0.360
混频估计	0.309	0.020	0.253	0.276	0.310	0.337	0.351
事后估计	0.286	0.077	0.133	0.167	0.300	0.418	0.500

表 5-4（续）

(B) 正向权重	均值	标准差	最小值	5%分位数	中位数	95%中位数	最大值
样本估计	0.557	0.019	0.504	0.521	0.558	0.587	0.589
独立估计	0.687	0.024	0.636	0.649	0.684	0.727	0.738
常相关估计	0.686	0.019	0.649	0.658	0.687	0.717	0.731
单因子估计	0.689	0.022	0.640	0.655	0.683	0.721	0.740
混频估计	0.691	0.020	0.649	0.663	0.690	0.724	0.747
事后估计	0.714	0.077	0.500	0.582	0.700	0.833	0.867
(C) 最小权重	均值	标准差	最小值	5%分位数	中位数	95%中位数	最大值
样本估计	−0.560	0.117	−1.002	−0.762	−0.537	−0.436	−0.422
独立估计	−0.163	0.186	−1.375	−0.319	−0.116	−0.089	−0.078
常相关估计	−0.152	0.107	−0.646	−0.370	−0.118	−0.088	−0.083
单因子估计	−0.152	0.087	−0.475	−0.361	−0.127	−0.088	−0.082
混频估计	−0.140	0.060	−0.304	−0.285	−0.117	−0.082	−0.073
事后估计	−0.059	0.025	−0.163	−0.108	−0.052	−0.032	−0.019
(D) 最大权重	均值	标准差	最小值	5%分位数	中位数	95%中位数	最大值
样本估计	0.807	0.150	0.565	0.626	0.776	1.091	1.146
独立估计	0.271	0.129	0.158	0.167	0.232	0.533	0.838
常相关估计	0.293	0.185	0.163	0.177	0.239	0.642	1.165
单因子估计	0.285	0.153	0.166	0.174	0.244	0.625	0.962
混频估计	0.278	0.120	0.146	0.166	0.235	0.571	0.624
事后估计	0.127	0.046	0.074	0.082	0.115	0.205	0.346

注：在每年的 4 月末，将不同的高阶矩估计方法利用前 60 个月的样本进行估计并采用 CRRA 型效用函数且厌恶系数为 $\gamma = 10$ 获得对应的最优投资组合权重。论文表中所有方法为重复抽样 100 次投资组合并获得其不同权重的描述统计结果。样本外区间为 2003 年 5 月至 2018 年 4 月。

表 5-4（C）和表 5-4（D）部分分别给出了不同估计方法优化得到的最小投资组合权重和最大投资组合权重，并对其重复 100 次后得到的平均

结果。可以发现,表5-4中结果进一步表明了采用样本估计高阶矩矩阵并对其优化后得到的投资组合会产生极端的权重配置行为,平均来看对某单个资产最大做空权重达到了56.0%,而与之相对应的最大做多权重也达到了80.7%。相比之下,其他几种基于结构化的高阶矩估计方法均为显著降低权重的极端配置方式,且采用混频模型估计得到的最优投资组合权重配置极差最小,分别为-14.0%和27.8%,在所有估计方法中更加接近于采用全样本的事后最优估计结果,分别为-5.90%和12.7%。

根据Martellini和Ziemann(2010),稳健的高阶矩投资组合权重在不同时期进行调整时不会出现较大差异。因而换手率可以看作衡量协方差、协偏度以及协峰度估计有效性的一种检验方法,可以清晰地反映不同投资组合策略的估计质量。因此本书使用投资组合资产个数$N=30$时利用不同方法估计的高阶矩投资组合优化后权重,进一步计算了已实现换手率和必要换手率两种平均换手率并将其描述统计结果汇总于表5-5中。其中,已实现换手率是通过将优化得到的权重进行绝对离差加和并在时间上求平均得到的,必要换手率是不同估计方法得到的权重为了转变为经过全样本计算得到的最优权重时变化的绝对值,并在时间上求其平均得到的。

从已实现换手率部分的结果来看,相对于其他方法,采用样本估计高阶矩投资组合得到优化后的权重具有更加明显的不稳定性,相对于其他结构化建模方法平均多65%左右的已实现换手率。与此同时,使用本书提出的混频因子模型在已有估计方法中仍具有最优的表现,平均已实现换手率为1.517,最接近于最优事后估计结果1.395。从必要换手率部分的结果来看,采用样本估计高阶矩得到的投资组合,其必要换手率依然表现最差;采用结构化高阶矩估计方法均显著优于样本估计,其独立估计、常相关估计以及单因子估计的必要换手率平均值为6.9%;而混频估计略优于其他三种方法,其必要换手率为6.8%。该表中结果从有效性上进一步说明了结构估计量特别是混频因子模型估计相对于样本估计的优势。

表 5-5 换手率分析

已实现换手率	均值	标准差	最小值	5%分位数	中位数	95%分位数	最大值
样本估计	4.403	0.303	3.760	3.883	4.396	4.903	5.030
独立估计	1.526	0.206	1.214	1.313	1.481	1.898	2.448
常相关估计	1.547	0.212	1.288	1.328	1.487	2.025	2.343
单因子估计	1.553	0.216	1.188	1.289	1.534	1.808	2.474
混频估计	1.517	0.165	1.210	1.291	1.511	1.796	1.929
事后估计	1.395	0.509	0.640	0.834	1.335	2.074	3.879
必要换手率	均值	标准差	最小值	5%分位数	中位数	95%分位数	最大值
样本估计	0.154	0.012	0.130	0.136	0.154	0.174	0.191
独立估计	0.069	0.014	0.050	0.055	0.066	0.090	0.138
常相关估计	0.069	0.014	0.053	0.054	0.065	0.090	0.136
单因子估计	0.069	0.014	0.053	0.054	0.066	0.092	0.132
混频估计	0.068	0.014	0.048	0.054	0.066	0.084	0.140

注：在每年的4月末，将不同的高阶矩估计方法利用前60个月的样本进行估计并采用CRRA型效用函数且厌恶系数为 $\gamma = 10$ 获得对应的最优投资组合权重。不同估计方法的已实现换手率分别通过优化得到的权重进行绝对离差加和在时间上求平均得到，必要换手率是不同估计方法得到的权重为了转变为经过全样本计算得到的最优权重时变化的绝对值在时间上求其平均所得。投资组合权重在每年4月末进行调整，并对表中所有方法重复抽样100次获得其不同权重的描述统计结果。

(4) 稳健性检验

上述所有分析均是基于相对风险厌恶系数 $\gamma = 10$，滚动窗口样本长度为60个月的结果。为了分析上述结果对于不同参数设定的敏感性，此处我们通过调整相对风险厌恶系数以及滚动窗口等方式进一步验证不同方法的稳健性。

表5-6汇总了当滚动窗口从60个月调整为36个月时不同方法的均方估计误差结果。可以发现，此时结果与表5-2的结论基本一致。在估计协方差矩阵 Σ 时，样本量的减少使得常相关估计体现了其在估计上的优势，此时均方估计误差最小为0.128，尽管使用样本估计依然具有相对较小的均方估计误差，且此时与采用混频估计得到的均方估计误差的差异进一步减小，从之前的0.013降为0.005；但在估计高阶矩时随着待估参数的增加，采用朴素估计的劣势逐渐凸显，此时无论是估计协偏度矩阵 Φ 还是协

峰度矩阵 Ψ，均有最大的均方估计误差。相比较而言，在估计协偏度矩阵 Φ 时，由于样本量的减少，采用因子模型估计并未体现出与其他结构建模方法相比较的优势，但采用混频因子模型依然显著优于使用单因子模型，其均方估计误差下降了约 3.191%。在估计协峰度矩阵 Ψ 时，随着待估参数的增加，因子模型逐渐体现了其在估计上的优势，此时无论使用同频单因子模型还是混频因子模型，均较其他结构化建模方法具有更小的均方估计误差，且混频因子模型估计误差最小，为 0.158。

表 5-6　滚动窗口为 36 个月时均方估计误差结果

Σ	均值	标准差	最小值	5%分位数	中位数	95%分位数	最大值
朴素估计	0.142	0.015	0.116	0.124	0.141	0.168	0.191
独立估计	0.184	0.010	0.157	0.168	0.183	0.200	0.214
常相关估计	0.128	0.014	0.103	0.109	0.126	0.159	0.174
单因子估计	0.149	0.013	0.125	0.131	0.148	0.170	0.192
混频估计	0.147	0.014	0.123	0.127	0.146	0.163	0.193
Φ	均值	标准差	最小值	5%分位数	中位数	95%分位数	最大值
朴素估计	0.129	0.042	0.082	0.087	0.112	0.218	0.238
独立估计	0.083	0.041	0.041	0.048	0.066	0.168	0.179
常相关估计	0.088	0.041	0.046	0.054	0.071	0.173	0.184
单因子估计	0.094	0.040	0.054	0.059	0.077	0.178	0.186
混频估计	0.091	0.035	0.056	0.062	0.078	0.162	0.172
Ψ	均值	标准差	最小值	5%分位数	中位数	95%分位数	最大值
朴素估计	0.203	0.117	0.092	0.104	0.154	0.444	0.487
独立估计	0.175	0.115	0.078	0.086	0.124	0.408	0.424
常相关估计	0.250	0.118	0.137	0.151	0.200	0.492	0.520
单因子估计	0.167	0.116	0.073	0.080	0.116	0.402	0.415
混频估计	0.158	0.100	0.073	0.080	0.113	0.361 9	0.378

注：在每年的 4 月末，将不同的高阶矩估计方法利用前 36 个月的样本进行估计并与采用全样本（1998 年 5 月至 2018 年 4 月）的估计结果进行比较。各阶矩的估计差异采用 Frobenius 范数计算得到，并将每个投资组合的估计结果在时间上求其平均值。表中描述统计结果为重复随机抽取 100 次投资组合的平均 Frobenius 范数。样本外区间为 2001 年 5 月至 2018 年 4 月。

表 5-7 给出了较为常用的当相对风险厌恶系数 $\gamma = 5$，资产个数 $N = 30$ 时不同估计方法的货币效用收益结果。为了便于比较，我们将原表 5-3 中相对风险厌恶系数 $\gamma = 10$ 的结果与表 5-7 中结果放到一起。可以看出，在相对风险厌恶系数较小时，不同方法估计得到的货币效用收益存在明显的下降。Jondeau 和 Rockinger（2003）认为，当相对风险厌恶系数较小时，投资者对高阶矩的偏好显著降低，因而收益率的非正态特征对投资组合权重最优配置的影响也小。随着相对风险厌恶系数的增加，投资组合对于高阶矩的偏好也会随之增加，其收益率的非正态特征对投资组合的影响也会变大，此时采用结构化建模方法可以显著提高货币效用收益。Martellini 和 Ziemann（2011）认为，随着投资者对风险厌恶程度的增加，采用基于期望效用函数泰勒级数近似展开的投资组合，将会在高阶矩中获得更高的权重。同时可以发现，混频因子模型估计在风险厌恶程度提高时优势更加明显。具体来看，在相对风险厌恶系数 $\gamma = 5$ 时，混频模型并非最优，此时货币效用收益为 0.118；当相对风险厌恶系数提高到 $\gamma = 10$ 时，混频模型估计得到的货币效用收益达到了 0.580，在表 5-7 的所有结果中具有最高的货币效用收益。

表 5-7 不同相对风险厌恶系数下货币效用收益

$\gamma = 5$	均值	标准差	最小值	5%分位数	中位数	95%分位数	最大值
独立估计	0.017	0.007	-0.015	-0.013	0.009	0.024	0.025
常相关估计	0.128	0.033	-0.174	-0.139	0.088	0.141	0.151
单因子估计	0.144	0.061	-0.117	-0.098	0.028	0.220	0.229
混频估计	0.118	0.089	0.023	0.030	0.123	0.230	0.255
事后估计	0.330	0.151	0.122	0.151	0.331	0.502	0.526

表 5-7（续）

$\gamma = 10$	均值	标准差	最小值	5%分位数	中位数	95%分位数	最大值
独立估计	0.034	0.017	-0.028	-0.024	0.024	0.050	0.051
常相关估计	0.255	0.012	-0.447	-0.348	0.061	0.168	0.170
单因子估计	0.550	0.251	-0.290	-0.248	-0.067	0.861	0.871
混频估计	0.580	0.549	0.077	0.120	0.378	1.333	1.557
事后估计	1.041	1.017	-0.069	0.041	0.724	2.388	2.663

注：此处采用的估计方法与表 5-3 一致，资产数量仍为 $N = 30$，但相对风险厌恶系数分为 $\gamma = 5$ 和 $\gamma = 10$ 两种情况。

表 5-8 给出了在使用较短的滚动窗口样本估计时，不同方法估计高阶矩的货币效用收益描述统计结果。可以看出，随着估计中实际使用样本量的减少，模型的估计风险会进一步增加，这使得结构化建模方法估计高阶矩更具吸引力，这与 Jagannathan 和 Ma（2003）以及 Martellini 和 Ziemann（2011）的研究发现保持一致。具体来看，当资产个数保持不变 $N = 30$ 但使用的滚动窗口为 36 个月时，年平均货币效用收益介于 0.328% ~ 0.457%，且发现此时使用混频估计具有最高的货币效用收益，达到了 0.457%。与此同时，由重复抽样得到的标准差可知这一结果均显著异于 0，这进一步表明了通过使用结构化建模方法估计高阶矩，特别是使用本书提出的混频因子模型相对于样本估计，可以显著地提高高阶矩投资组合表现。

表 5-8　滚动窗口为 36 个月时货币效用收益

$N = 30$	均值	标准差	最小值	5%分位数	中位数	95%分位数	最大值
独立估计	0.328	0.212	-0.330	-0.433	0.046	0.479	1.018
常相关估计	0.386	0.217	-0.194	-0.440	0.026	0.469	1.619
单因子估计	0.431	0.389	-0.180	-0.339	0.014	1.163	1.392
混频估计	0.457	0.363	-0.258	-0.450	0.078	0.955	1.702
事后估计	0.897	0.620	-0.415	-0.362	0.411	2.487	3.473

注：此处采用的估计方法与表 5-3 中一致，资产数量仍为 $N = 30$，但滚动窗口调整为具有更少观测样本 $T = 36$ 时货币效用收益情况。

由于上述所有结果在模拟过程中，我们均假定持有固定股票篮子的投资组合，区别仅是在每年 4 月末基于历史数据进行权重上的调整；因而在本节最后，我们讨论幸存者偏误可能给投资组合带来的潜在影响。在现有文献中，已有学者从不同角度表明幸存者偏误会对期望收益产生显著的影响（Brown 等，1992；Jagannathan 和 Ma，2003；许林，肖水灵和董永琦，2017）。参考 Martellini 和 Ziemann（2011）的做法，本书进一步放松持有固定篮子股票的假定，允许在每年 4 月末从所有可供选择的股票中重新抽取构建新的投资组合，并利用新的股票篮子中不同股票前 60 个月的历史数据估计当期投资组合的最优权重。为了与之前的研究一致，我们仍然对此重复进行 100 次，股票数量同样为 $N = 30$。与此同时，由于上述所有结果中因子模型始终具有良好的表现，因此表 5-9 中我们仅汇总了采用单因子模型和混频因子模型两种方法估计的高阶矩矩阵，进而获得两种方法计算得到的货币效用收益。

表 5-9 两种估计方法下的货币效用收益

$N = 30$	均值	标准差	最小值	5%分位数	中位数	95%分位数	最大值
单因子估计	0.350	0.310	−1.130	−0.530	0.080	0.580	0.680
混频估计	0.370	0.147	−0.690	−0.540	0.110	0.650	1.010

注：表中给出了重复 100 次投资组合模拟中每个投资组合持有固定篮子股票的约束时货币效用收益。

由表 5-9 中结果可知，每年重新调整投资组合篮子得到的货币效用收益有所下降，但并不会影响之前所得到的结论。采用混频估计不仅具有最大的货币效用收益，其对应的标准差也最小。总地来看，采用混频模型估计高阶矩得到的投资组合依然具有最高的货币效用收益，表明采用混频估计高阶矩矩阵具有非常良好的稳健性。

5.3 混频多因子高阶矩建模的经济价值评价

在本章 5.2 节中,我们基于统计性质对不同高阶矩估计方法从不同角度进行了分析。尽管从统计意义上来看,在列出的所有高阶矩估计方法中,混频多因子模型均呈现出了良好的表现,但在实际应用中投资者和市场监督管理者往往更加关注不同方法构造的投资组合的经济价值。因此本节将从经济价值角度对上文给出的不同方法做进一步的分析,进而证实本书提出的混频多因子模型具有很好的挖掘潜力和实际使用价值。

5.3.1 数据说明与样本选取

为了保证本节研究方法与前文研究方法的连续性,我们继续使用来自深交所和上交所所有上市的 A 股股票数据作为分析样本。并使用 5.2.1 节已经处理后的数据,观测样本为区间长度为 1998 年 5 月至 2018 年 4 月共 240 个月的共 147 家上市公司股票。在此基础之上,我们随机从 147 只股票中抽取 30 只股票作为样本进行分析。在因子选择上,我们使用了 5.2.1 节中调整得到的 Fama-Fench(2015)周度五因子数据以及月度同频五因子数据,用以构建混频和同频因子模型。在最优因子个数识别和筛选上,将根据第 4 章提出的识别方法做最优因子个数识别检验。

表 5-10 中汇总了随机抽取的 30 家公司股票简称、市场类型以及所属行业的详细结果。具体来看,在随机抽取的所有上市公司股票中,有 13 家公司属于深证 A 股,其余另外 17 家公司属于上证 A 股,所属行业包含了批发业、纺织业、零售业和住宿业等共 21 个行业大类,占现有证监会所有行业大类中的 24.4%,具有较好的代表性。

表 5-10　股票简称及所属行业

股票简称	市场类型	所属行业
深圳华强	深证 A	批发业
龙头股份	深证 A	纺织业
申达股份	上证 A	批发业
新世界	上证 A	零售业
锦江股份	上证 A	住宿业
张江高科	上证 A	综合
万科 A	深证 A	房地产业
泸州老窖	深证 A	酒、饮料和精制茶制造业
东方明珠	上证 A	电信、广播电视和卫星传输服务
广州发展	上证 A	电力、热力生产和供应业
号百控股	上证 A	互联网和相关服务
亚盛集团	上证 A	农业
飞乐音响	上证 A	电气机械和器材制造业
中炬高新	上证 A	食品制造业
申通地铁	上证 A	道路运输业
青岛海尔	上证 A	电气机械和器材制造业
风华高科	深证 A	计算机、通信和其他电子设备制造业
吉林敖东	深证 A	医药制造业
徐工机械	深证 A	专用设备制造业
皖能电力	深证 A	电力、热力生产和供应业
经纬纺机	深证 A	专用设备制造业
隧道股份	上证 A	土木工程建筑业
华侨城 A	深证 A	房地产业
深康佳 A	深证 A	计算机、通信和其他电子设备制造业
穗恒运 A	深证 A	电力、热力生产和供应业
爱建集团	上证 A	其他金融业
南京高科	上证 A	房地产业

表5-10(续)

股票简称	市场类型	所属行业
上海石化	上证A	石油加工、炼焦及核燃料加工业
华域汽车	上证A	汽车制造业
深科技	深证A	计算机、通信和其他电子设备制造业

注：表5-10中不同股票所属行业按照证监会行业大类进行分类。

5.3.2 样本描述统计

在对上文随机抽取的30家上市公司股票构建投资组合进行实证分析之前，我们先对其从描述统计上做初步的分析。图5-1和图5-2分别给出了所有30只股票在样本期间内的收益率，以及按行业分类计算的等权重调整后累计收益率时序图。

由图5-1可以发现，各公司的股票收益率水平均在零均值附近上下波动，尽管使用的是频率相对较低的月度数据，但依然存在明显的波动聚集性特征，且同时可以看出不同时期下各公司的波动情况存在较为明显的差异。如深圳华强股票在考察样本期间的前半段波动率明显较小，但受2008年金融危机的影响，此后该只股票波动明显增强。相对而言，张江高科等股票在金融危机时期的波动幅度较小。这在一定程度上表明了构建适当的投资组合存在有效规避各个公司在不同时期风险的可能性。考虑到相同行业内部收益率及波动性具有相似性这一特征，因此在计算累计收益率时我们对各只股票按照证监会行业大类进行分类并计算其等权重的月度累计收益率。图5-2中给出了对应经等权重调整后的基于各行业累计收益率的时序图，从图中结果可以发现，在样本期间内不同行业之间除波动情况和收益率存在显著差别以外，不同行业之间也存在着进一步分散风险的可能。

进一步地，为了从统计意义上判断各公司股票是否存在显著的高阶矩特征，表5-11中汇总出了30家上市公司在样本期间内股票收益率的描述统计、平稳性检验和正态性检验等相关检验结果。

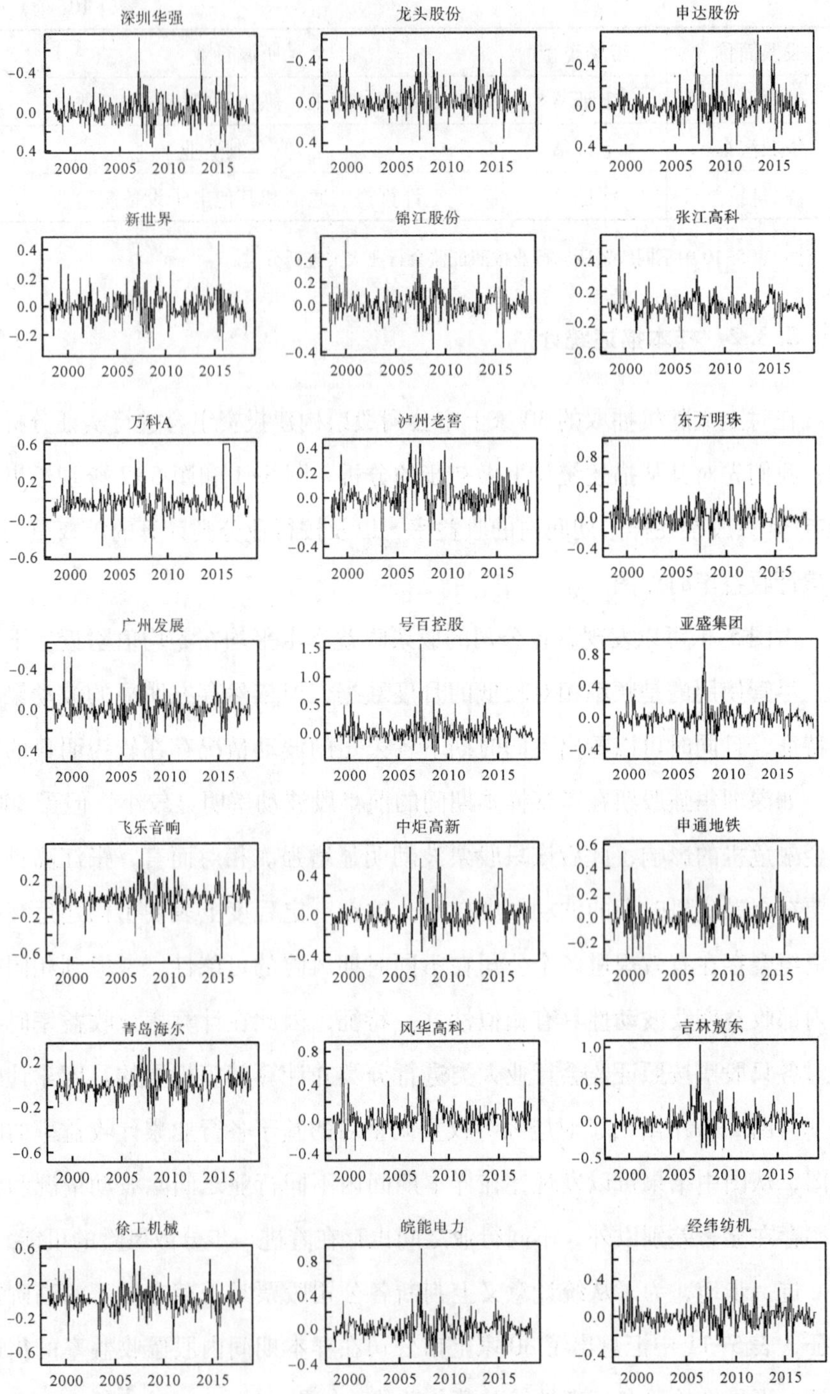
深圳华强
龙头股份
申达股份
新世界
锦江股份
张江高科
万科A
泸州老窖
东方明珠
广州发展
号百控股
亚盛集团
飞乐音响
中炬高新
申通地铁
青岛海尔
风华高科
吉林敖东
徐工机械
皖能电力
经纬纺机

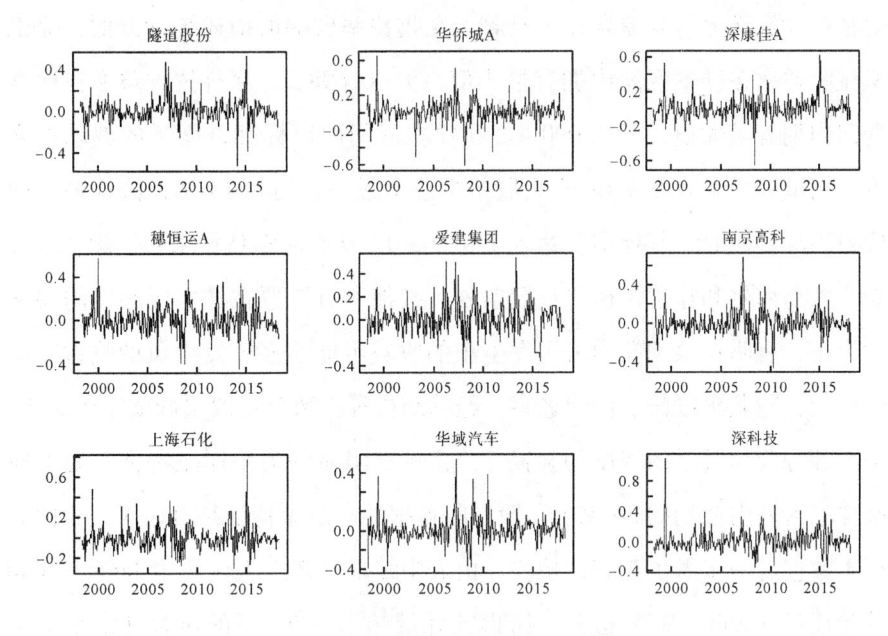

图 5-1　各公司股票收益率的时序图

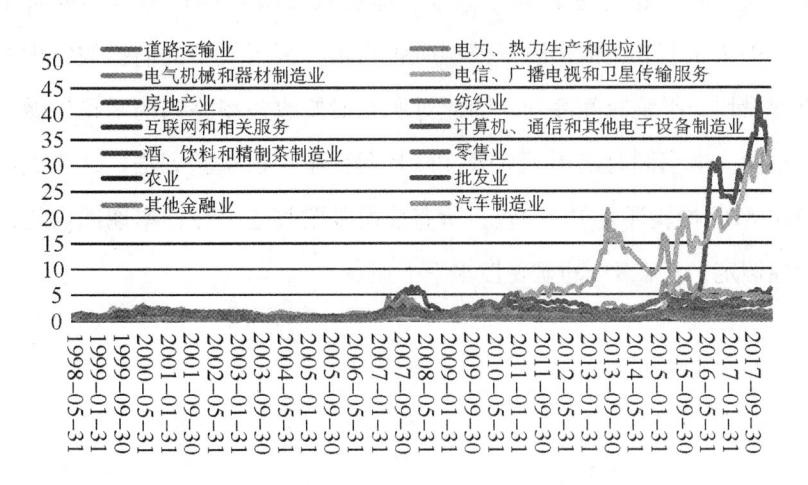

图 5-2　等权重调整后各行业累计收益率的时序图

表 5-11 分别包含了不同公司股票收益率的数据基本特征描述统计、单位根检验和正态性检验三部分结果。具体来看，在数据基本特征方面各公司股票收益率均在零附近上下波动。尽管除爱建集团股票收益率均值为负外，其他收益率均为正值，但由于其标准差显著大于其对应的均值，因

5　中国股票市场的混频多因子模型高阶矩投资组合研究　153

此在统计意义上与0差异并不显著。在收益率极端值描述统计方面，徐工机械收益率在样本区间内拥有最小值，为-0.6982；深科技收益率在样本期间内拥有最大值，为1.0904。在样本区间内以标准差衡量的波动性来看，新世界股票收益率在30只股票中波动最小，为0.1076；波动最大的股票为号百控股，其标准差达到了0.1930。从高阶矩特征来看，除飞乐音响、青岛海尔和徐工机械三只股票外，其他所有股票在样本区间内的偏度均为正，表明在该期间内公司发生正的收益可能性多于发生负的收益。在峰度上，除龙头股份、泸州老窖、经纬纺机等少数公司股票峰度小于3外，绝大部分公司股票的峰度明显高于3，具有明显的尖峰厚尾特征。为了检验样本区间内使用的30家公司股票收益率的高阶矩特征是否显著，我们对样本数据进一步做了正态性检验。由表中结果可知，无论使用Jarque-Bera检验还是Shapiro-Wilk检验，所得统计量结果均在1%的显著性水平下拒绝了收益率服从正态分布的原假设，即各只股票均存在显著的高阶矩特征。本书2.3.1节在构建因子模型时曾指出，因子模型的前提假定中要求所有变量均为平稳时间序列。因此对所有股票收益率序列的平稳性做了进一步检验，本书同时采用了ADF和PP两种单位根检验方法，结果表明无论使用ADF检验还是PP检验，所有公司股票收益率在样本期间内均满足平稳性假定，且在1%的显著性水平下显著。

表 5-11 公司收益率描述性统计与检验

股票名称	数据基本特征					正态性检验		单位根检验	
	均值	最小值	最大值	标准差	偏度	峰度	JB检验	SK检验	ADF检验	PP检验
深圳华强	0.006	-0.368	0.716	0.143	0.908	3.501	155.55***	0.95***	-10.54***	-16.66***
龙头股份	0.008	-0.447	0.619	0.145	0.935	2.900	119.06***	0.94***	-10.67***	-15.70***
申达股份	0.006	-0.390	0.693	0.145	1.175	4.218	233.18***	0.92***	-10.80***	-14.94***
新世界	0.002	-0.314	0.456	0.108	0.472	1.945	46.75***	0.97***	-5.04***	-16.27***
锦江股份	0.001	-0.387	0.559	0.120	0.682	2.872	101.12***	0.96***	-11.73***	-16.87***
张江高科	0.007	-0.550	0.886	0.148	0.917	5.926	384.86***	0.93***	-10.29***	-15.23***
万科 A	0.029	-0.575	0.590	0.170	1.267	3.976	222.32***	0.87***	-5.08***	-9.30***
泸州老窖	0.014	-0.458	0.433	0.131	0.511	2.011	50.91***	0.95***	-8.40***	-13.19***
东方明珠	0.015	-0.458	0.970	0.164	1.335	5.581	382.74***	0.92***	-10.30***	-15.23***
广州发展	0.004	-0.459	0.616	0.124	0.945	4.687	255.35***	0.92***	-10.56***	-15.73***
号百控股	0.011	-0.392	1.538	0.193	2.649	16.589	3 032.50***	0.84***	-11.18***	-16.93***
亚盛集团	0.001	-0.461	0.933	0.142	1.235	8.495	782.62***	0.89***	-7.18***	-13.40***
飞乐音响	0.009	-0.662	0.536	0.133	-0.410	4.662	224.10***	0.93***	-4.26***	-14.34***
中炬高新	0.024	-0.429	0.678	0.158	1.374	3.865	224.86***	0.89***	-6.33***	-12.67***
申通地铁	0.005	-0.315	0.581	0.128	0.926	3.323	144.75***	0.94***	-11.11***	-13.65***
青岛海尔	0.010	-0.643	0.335	0.122	-0.823	4.478	227.60***	0.94***	-8.93***	-14.02***

表5-11（续）

股票名称	数据基本特征							正态性检验			单位根检验	
	均值	最小值	最大值	标准差	偏度	峰度	JB检验	SK检验	ADF检验	PP检验
凤华高科	0.010	−0.440	0.866	0.158	1.065	4.182	220.26***	0.94***	−5.69***	−12.82***
吉林敖东	0.010	−0.451	1.028	0.161	1.447	7.683	674.04***	0.90***	−5.40***	−15.51***
徐工机械	0.009	−0.698	0.570	0.156	−0.272	3.793	146.81***	0.93***	−10.35***	−16.02***
皖能电力	0.004	−0.357	0.937	0.142	1.302	7.840	682.46***	0.91***	−5.58***	−15.35***
经纬纺机	0.015	−0.435	0.717	0.146	0.802	2.557	91.13***	0.96***	−9.42***	−15.43***
隧道股份	0.002	−0.531	0.528	0.118	0.345	4.498	207.12***	0.93***	−10.24***	−14.99***
华侨城A	0.004	−0.609	0.649	0.138	0.011	4.287	183.75***	0.94***	−10.16***	−14.57***
深康佳A	0.012	−0.664	0.616	0.140	0.426	4.058	171.98***	0.94***	−6.78***	−13.43***
穗恒运A	0.005	−0.441	0.564	0.129	0.232	2.308	55.39***	0.97***	−10.27***	−14.29***
爱建集团	−0.001	−0.422	0.537	0.144	0.349	1.655	32.26***	0.97***	−5.98***	−13.52***
南京高科	0.003	−0.464	0.683	0.134	0.616	3.615	145.84***	0.95***	−5.54***	−14.62***
上海石化	0.012	−0.308	0.773	0.127	1.337	5.970	427.91***	0.92***	−8.68***	−15.14***
华域汽车	0.001	−0.395	0.744	0.135	1.315	6.595	504.08***	0.89***	−10.58***	−14.99***
深科技	0.001	−0.348	1.090	0.148	2.010	11.761	1 544.80***	0.88***	−10.86***	−16.19***

注：表中给出了两种正态性检验方法，JB检验为Jarque-Bera正态性检验，SK检验表示Shapiro-Wilk正态性检验。在检验收益率稳定性时分别采用了ADF检验和PP检验两种方法，ADF检验为Augmented Dickey Fuller单位根检验，PP检验为Phillips-Perron单位根检验，模型设定上假设仅包含截距项而无趋势项，最优滞后阶数选择根据AIC准则自动选取。*，**和***分别表示在10%，5%和1%的显著性水平下显著。

5.3.3 最优因子个数识别检验

在建立混频因子模型之前，我们需要先识别并筛选出最优的混频因子个数。此处我们沿用第4章提出的检验方法，以得到最优的高频因子个数用于估计混频因子模型，进而得到结构化的高阶矩矩阵。由于本书考虑的样本区间长度为 $T = 240$，且资产个数达到了 $N = 30$，此时使用 Wald 检验存在过度拒绝原假设的可能，因此此处同样使用 Gumbel 检验。

在最优因子个数选择上，使用本书在4.3节提出的混频因子模型最优因子个数筛选策略，即首先使用所有高频因子估计高阶矩模型，然后依次减少高频因子个数并采用 Gumbel 统计量检验判断，当检验统计量拒绝原假设时，即表明由扰动项构建的高阶矩矩阵中元素乘积的期望值与0存在显著性差异，则之前上一步使用的因子数量即为最优的因子个数。表5-12中汇总出了各阶矩在不同因子个数检验下对应的 p 值结果。

由表5-12中结果可知，Gumbel 统计量在各阶矩以及联合检验下均建议使用单因子模型，因此在后文建立的所有混频因子模型均使用混频单因子模型估计各阶矩矩阵，进而构建高阶矩投资组合。

表 5-12 基于 Gumbel 统计量的最优因子个数识别检验

因子个数	$H1_0$ $i < j$	$H2_0$ $i < j < k$	$H3_0$ $i < j < k < l$	$H1_0 + H2_0$	$H1_0 + H2_0 + H3_0$
$K = 1$	0.998	0.967	0.896	0.978	0.930
$K = 3$	0.601	0.816	0.964	0.849	0.981
$K = 5$	0.421	0.665	0.318	0.704	0.359

注：表5-12中 $H1_0$ 表示二阶矩（协方差）最优因子个数识别检验，$H2_0$ 表示三阶矩（协偏度）最优因子个数识别检验，$H3_0$ 表示四阶矩（协峰度）最优因子个数识别检验，$H1_0 + H2_0$ 表示二阶矩和三阶矩的联合检验，$H1_0 + H2_0 + H3_0$ 表示二阶矩、三阶矩和四阶矩的联合检验。$K = 1, 3, 5$ 分别对应使用单因子模型、三因子模型和五因子模型。

5.3.4 投资组合分析

在做投资组合分析之前，我们先对效用函数的设定重新进行说明。在5.2节中，为了说明采用样本估计往往会导致极端的权重配置行为，以及结构化建模估计高阶矩的优势，在权重设定方面并没有施加非负约束，即允许做空行为。然而在现实投资组合实践中，做空行为往往难以实现。因此此处对效用函数做了进一步的约束，不允许存在做空行为，同时保留原有的全部投资约束。同时，为了避免均值对效用函数的影响，我们同样地对所有资产收益率做了中心化处理，即令 $\mu = 0$。此时所要优化的效用函数可表示为如下形式：

$$\min_{\omega}\left[\frac{\gamma}{2}\omega'\Sigma\omega - \frac{\gamma(\gamma+1)}{6}\omega'\Phi(\omega\otimes\omega) + \frac{\gamma(\gamma+1)(\gamma+2)}{24}\omega'\Psi(\omega\otimes\omega\otimes\omega)\right]$$

$$s.t.: \omega'1_N = 1, \omega_i > 0, \forall \omega_i \tag{5-4}$$

其中，1_N 为元素均为1的 N 维列向量；γ 为相对风险厌恶系数，反映了投资者对资产收益率中方差、偏度以及峰度上的偏好，此处我们以 $\gamma = 10$ 作为基准，并同样给出常见的 $\gamma = 5$ 时的情况。

由表 5-11 中的描述统计结果可知，所要研究的股票收益率具有明显的尖峰厚尾以及非对称性等高阶矩特征。因此在对构建的高阶矩投资组合的下行风险进行评价时不宜采用传统的基于正态分布假定构建的风险价值（VaR）和期望损失（ES）等度量方法，此处我们使用 Boudt、Peterson 和 Croux（2008）提出的修正的期望损失（mES）来衡量高阶矩投资组合中存在的下行风险，该方法在估计投资组合风险时通过使用 Cornish-Fisher 展开，将偏度和峰度信息考虑到传统的 ES 估计之中。具体来看，在给定风险水平为 α 的条件下，mES 估计可表示为如下形式：

$$ES_\alpha(\omega) = -\omega'\mu + \sqrt{m_2(\omega)} \times \frac{1}{\alpha}[a_\alpha + b_\alpha k(\omega) + c_\alpha s(\omega) + d_\alpha s^2(\omega)]$$

$$\tag{5-5}$$

其中 a_α、b_α、c_α 和 d_α 为与风险水平 α 有关的常数，$s(\omega)$ 和 $k(\omega)$ 分别为投资组合的偏度和峰度，可通过如下方式计算得到：

$$s(\omega) = \frac{m_3(\omega)}{m_{(2)}^{3/2}(\omega)}$$

$$k(\omega) = \frac{m_4(\omega)}{m_{(2)}^2(\omega)} - 3$$

在投资组合优化求解方面，我们依然使用 Storn 和 Price（1997）提出的微分进化算法求解包含高阶矩矩阵的效用函数。通过使用以上工具，我们便可以利用高阶矩信息在不同股票之间进行优化，以获得最优的高阶矩投资组合权重。在本书后面，我们从样本内分析和样本外分析两个方面对高阶矩投资组合的经济价值进行分析和评价。

（1）样本内分析

在样本内分析部分，我们利用全样本区间共240个月的收益率估计高阶矩投资组合，以求得最大的期望效用结果。在对期望效用函数优化求解时，我们将不同方法估计高阶矩对应的结果汇总到表5-13中。由于之前模拟结果已经表明，采用因子模型明显优于其他传统的结构化估计方法，因此此处仅给出朴素估计、单因子估计和混频估计高阶矩对应的结果，具体结果如下：

表5-13 高阶矩投资组合样本内分析

$\gamma = 5$	期望效用	年收益率	年波动率	偏度	超额峰度	95%修正 ES
朴素估计	-0.020 0	-0.089 5	0.316 3	0.501 2	2.622 8	-0.150 4
单因子估计	-0.011 2	-0.094 3	0.313 1	0.331 3	2.224 0	-0.137 6
混频估计	-0.010 9	-0.090 2	0.303 6	0.348 8	1.888 5	-0.136 0
$\gamma = 10$	期望效用	年收益率	年波动率	偏度	超额峰度	95%修正 ES
朴素估计	-0.047 6	-0.094 7	0.321 6	0.573 4	2.002 3	-0.155 9
单因子估计	-0.025 4	-0.097 8	0.315 3	0.513 7	2.945 6	-0.138 3
混频估计	-0.024 9	-0.094 1	0.305 2	0.134 6	1.289 2	-0.136 1

注：表中年收益率和年波动率由样本内估计得到的权重得到月度收益率后年化得到，超额峰度由投资组合收益率为峰度系数减去3得到。

表 5-13 中分别汇总了在相对风险厌恶系数 $\gamma = 5$ 和 $\gamma = 10$ 时构建的样本内高阶矩投资组合的分析结果。可以发现，在期望效用结果方面，无论采用单因子模型还是混频因子模型，均可以显著提高期望效用。具体来看，在相对风险厌恶系数 $\gamma = 5$ 时，单因子估计和混频因子模型估计期望效用分别提高了 44.0% 和 45.5%；在相对风险厌恶系数 $\gamma = 10$ 时，单因子估计和混频因子模型估计期望效用分别提高了 46.6% 和 47.7%。混频因子模型始终优于同频的单因子模型。与此同时，随着相对风险厌恶系数的增加，采用混频因子模型提高的期望效用更加明显。在年收益率方面，在相对风险厌恶系数 $\gamma = 5$ 时，尽管采用朴素估计仍具有最小的年收益，但与其对应的年波动率最大，采用混频因子模型其年收益率相对于朴素估计损失了 0.8%，但年波动率却下降了 4.0%；当相对风险厌恶系数提高到 $\gamma = 10$ 时，采用混频因子模型无论年收益率还是年波动率均优于朴素估计结果，分别提高和下降了 0.6% 和 5.0%。在投资组合收益率的高阶矩方面，采用因子模型进一步减小了其与正态分布的差异，特别是在相对风险厌恶系数 $\gamma = 10$ 时，其对应的偏度和超额峰度仅为 0.135 和 1.289。从利用样本内投资组合收益率计算的 mES 来看，无论相对风险厌恶系数 $\gamma = 5$ 还是 $\gamma = 10$，采用因子模型均优于朴素估计得到的结果且同时混频因子模型优于单因子模型。具体来看，在相对风险厌恶系数 $\gamma = 5$ 时，朴素估计得到的高阶矩投资组合使用 mES 计算的损失为 15.04%，而采用混频因子模型计算的损失为 13.60%，相对于朴素估计下降了 1.44 个百分点；在相对风险厌恶系数 $\gamma = 10$ 时，朴素估计计算的损失为 15.59%，采用混频因子模型计算的损失为 13.61%，相对于朴素估计下降了 1.98 个百分点。

为了更加直观地了解基于收益-风险构建的高阶矩投资组合结果及其对应的有效前沿，图 5-3 中给出了采用朴素估计和混频估计得到的高阶矩投资组合模拟计算的收益-风险有效前沿以及最小风险投资组合的寻优路径，在选择风险度量方面，分别使用了 mES 和标准差两种方式。可以发现，微分进化算法可以良好地寻找到最小方差投资组合。并且在给定使用的衡量风险方法（mES 或标准差）时，使用样本估计高阶矩投资组合优化结果劣于使用混频因子模型优化得到的结果，混频估计始终具有最小的下行风险。

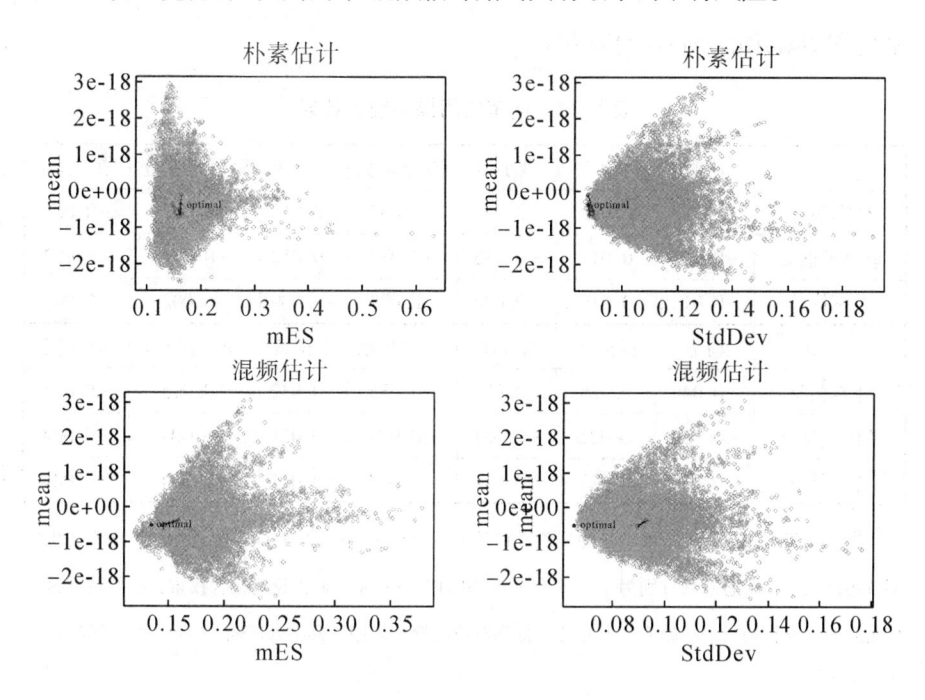

图 5-3 朴素估计和混频估计的收益-风险前沿

（2）样本外分析

在样本外分析部分，我们基于历史数据采用回测检验方法对三种高阶矩估计方法的优劣进行评价。在进行投资组合优化时，采用了与本书 5.2 节同样的研究方法，即在每年的 4 月末，利用前 60 个月的样本观测值计算出不同方法得到的高阶矩估计量 Σ、Φ、Ψ，并将经过优化的投资组合持有到下一年 4 月末直到重新对投资组合进行优化为止。最终，我们便可得到 15 年的投资组合优化权重，利用该权重便可得到 180 个月的样本外收益率数据。同样地，假定投资组合权重和为 1 且不允许存在做空行为。在进行投资组合优化计算时，继续使用上文提到的微分进化全局优化算法（Storn 和 Price，1997）进行优化。

在进行投资组合样本外分析之前，考虑到构建的投资组合优化目标为 CRRA 型效用函数的期望最大化，表 5-14 中首先汇总了在相对风险厌恶系数为 $\gamma = 5$ 和 $\gamma = 10$ 两种条件下时，不同高阶矩估计方法下得到的 15 年来平均期望效用的描述统计结果。

表 5-14 期望效用描述统计结果

$\gamma = 5$	均值	标准差	最小值	5%分位数	中位数	95%分位数	最大值
样本估计	-0.017	0.009	-0.034	-0.033	-0.015	-0.007	-0.007
单因子估计	-0.013	0.011	-0.033	-0.032	-0.010	-0.002	-0.002
混频估计	-0.013	0.010	-0.030	-0.029	-0.009	-0.002	-0.002
$\gamma = 10$	均值	标准差	最小值	5%分位数	中位数	95%分位数	最大值
样本估计	-0.040	0.025	-0.087	-0.085	-0.032	-0.015	-0.015
单因子估计	-0.032	0.027	-0.081	-0.079	-0.021	-0.005	-0.004
混频估计	-0.030	0.025	-0.074	-0.072	-0.021	-0.004	-0.004

注：在每年的 4 月末，将不同的高阶矩估计方法利用前 60 个月的样本进行估计并采用 CRRA 型效用函数且在厌恶系数分别为 $\gamma = 5$ 和 $\gamma = 10$ 时获得对应的最优投资组合权重，我们持有这一优化后的权重直到下一年的 4 月末并计算得到对应的期望效用。样本外区间为 2003 年 5 月至 2018 年 4 月。

由表 5-14 中的描述统计结果可知，无论相对风险厌恶系数取值 $\gamma = 5$ 还是 $\gamma = 10$，采用结构化建模方法估计高阶矩构建的投资组合在采用期望效用函数为目标函数时均显著优于采用样本的朴素估计方法。在相对风险厌恶系数 $\gamma = 5$ 时，单因子估计和混频估计的期望效用均值大体一致，但混频估计的标准差略小于单因子估计。随着相对风险厌恶系数增加到 $\gamma = 10$，混频因子模型逐渐优于传统的单因子模型。具体来看，当相对风险厌恶系数 $\gamma = 5$ 时，单因子模型和混频因子模型估计得到的期望效用均值均为 -0.013，相对于朴素估计其期望效用提高了 23.5%。与此同时，尽管两种方法具有相同的平均期望效用，但可以发现混频因子模型的标准差相对更小。当相对风险厌恶系数 $\gamma = 10$ 时，采用混频因子模型得到的高阶矩投资组合具有了更为明显的优势，此时得到的平均期望效用为 -0.030，相对于朴素估计和单因子估计其期望效用分别提高了 25.0% 和 6.3%。

在此基础上，表 5-15 进一步给出了从 2003 年 5 月至 2018 年 4 月使用最优权重计算并经年度调整的样本外投资组合描述统计分析结果。同样地，我们分别给出了在相对风险厌恶系数 $\gamma = 5$ 和 $\gamma = 10$ 两种条件下对应的结果，以进一步比较其相对风险厌恶程度对样本外最优投资组合效果的影响。

表 5-15　样本外描述统计分析

$\gamma = 5$	年收益率	年波动率	偏度	超额峰度	95% 修正 ES	最大跌幅
样本估计	-0.029	0.377	0.245	2.754	-0.159	-0.798
单因子估计	-0.017	0.351	0.439	2.669	-0.144	-0.809
混频估计	0.012	0.353	0.423	3.081	-0.142	-0.753
$\gamma = 10$	年收益率	年波动率	偏度	超额峰度	95% 修正 ES	最大跌幅
样本估计	-0.062	0.372	-0.201	2.621	-0.176	-0.818
单因子估计	-0.017	0.359	0.319	2.143	-0.152	-0.816
混频估计	-0.005	0.351	0.295	2.190	-0.148	-0.784

注：在每年的 4 月末，将不同的高阶矩估计方法利用前 60 个月的样本进行估计并采用 CRRA 型效用函数且在相对风险厌恶系数分别为 $\gamma = 5$ 和 $\gamma = 10$ 时获得对应的最优投资组合权重，我们持有这一优化后的权重直到下一年的 4 月末并计算得到对应的收益率。样本外区间为 2003 年 5 月至 2018 年 4 月。

由表 5-15 可以发现，以年收益率作为参考标准，相对风险厌恶系数的改变不会影响不同高阶矩估计方法的比较优势，结构化高阶矩建模估计方法始终优于传统的朴素估计方法，且进一步地混频因子模型估计得到的年收益率优于单因子模型得到的结果。具体来看，当相对风险厌恶系数 $\gamma = 5$ 时，采用朴素估计高阶矩得到的年收益率具有最差的表现，为 -2.9%，而采用单因子模型和混频模型估计高阶矩时其投资组合收益率得到了显著的提高，对应的年收益率分别达到了 -1.7% 和 1.2%。在年化波动率方面，结构化估计方法得到的波动率也均明显低于朴素估计。在优化得到收益率的高阶矩方面，结构化建模收益率偏度系数更大，表明投资组合得到正的收益率的可能性更高,单因子估计具有最小的超额峰度。进一步地,从采用修正期望损失对高阶矩投资组合收益率下行风险的评价来看,混频因子高阶矩估计具有最小的下行风险,为-14.2%,相对于样本估计以及单因子估计其下行风险分别下降了 10.7% 和 1.4%,与此同时可以发现,混频因子模型估计得到收益率具有最小的最大跌幅,为-75.3%,明显低于采用样本估计以及单因子估计得到的最大跌幅。随着相对风险厌恶系数提高到 $\gamma = 10$,不同高阶矩估计方法得到的年化收益率均出现了不同程度的下降,尽管如此,混频因子模型依然具有最优的年化收益率,为 -0.5%,同时其也拥有最小的年化波动率,为 0.351。在收益率的高阶矩特征方面,采用朴素估计高阶矩得到的投资组合收益率偏度为负,而单因子估计和混频估计得到的投资组合偏度依然保持为正,表明结构化方法估计的高阶矩投资组合获得正向收益的可能性依然高于负向收益,且二者超额峰度均显著低于对应的朴素估计结果。在下行风险度量结果方面,随着相对风险厌恶系数的提高,不同方法得到的 95% 修正期望损失均高于相对风险厌恶系数 $\gamma = 5$ 时的结果,但混频因子模型估计高阶矩得到的投资组合收益率依然具有最小的期望损失,为-14.8%,相对于样本估计和单因子估计其修正期望损失分别下降了 15.9% 和 1.39%。在最大跌幅方面,单因子估计和混频估计均好于样本估计对应的结果,相对于样本估计和单因子估计,混频估计的最大跌幅分别下降了 4.2% 和 3.9%。

由此可见,基于回测检验方法的样本外分析结果进一步表明了在构建投资组合时考虑高阶矩特征的重要性,无论在投资组合收益方面还是下行风险控制方面均可以显著提高投资组合的表现。与 Martellini 和 Ziemann (2010)、Jondeau 和 Rockinger (2012) 以及 Boudt、Lu 和 Peeters (2015) 研究的不同之处在于,本书进一步将混频因子模型引入高阶矩投资组合建模之中,以提高因子对收益率的解释能力,从而使得高阶矩投资组合具有更优的表现。

5.4 本章小结

中国作为世界上最大的新兴发展中国家，尽管其股票市场日趋成熟，但其市场收益率波动性以及高阶矩特征依旧显著高于欧美发达国家。为了充分表明混频多因子模型在高阶矩建模及其投资组合中的实际应用价值，本章以上海和深圳证券交易所 A 股交易市场股票为例，基于已有的高阶矩建模方法和本书提出的混频多因子建模方法构建多种高阶矩投资组合，并从统计意义和经济价值两个方面做了详细的检验与评价。具体来看，通过实证研究本章可得如下几点重要结论：

首先，基于统计意义视角对本书提出的混频多因子模型与朴素估计、单因子估计等其他高阶矩结构化估计方法进行了多方面的比较。研究数据采用深圳和上海所有 A 股上市的股票收益率作为分析样本，对于因子数据，我们基于 Fama-Fench（2015）研究方法，分别使用月度和周度的五因子数据以方便构建同频和混频因子模型。在研究方法上，采用随机地从中国 A 股市场抽取一揽子股票作投资组合，并将其重复 100 次以减少简单随机抽取一次构造投资组合带来的偏差；同时，对于每次随机抽取的一揽子股票构建的投资组合，我们始终持有这一组合除权重外而不再每年对其资产标的进行调整，以方便衡量由不同方法估计得到高阶矩投资组合的统计性质。在统计意义评价方面，本章首先使用了第 4 章节提出的因子个数识别方法筛选混频最优因子个数，结果表明绝大部分投资组合选择单因子模型便可良好地包含高阶矩信息。然后，采用多种方法对估计结果进行事后样本内分析。具体来看：均方估计误差结果表明混频因子模型在估计高阶矩矩阵时具有显著的优势，基于货币效用收益（MUG）衡量的投资组合结果分析表明混频估计同样具有最高的 MUG。考虑到传统的无约束的投资组合往往存在极端的资产配置行为,本章进一步对不同方法得到的投资组合权重和换手率进行了分析,结果表明混频估计可以显著减少极端资产配置行为并降低其换手率,同时其做空比例、最大(最小)权重和已实现(必要)换手率均显著低于其他高阶矩估计方法。最后,大量的进一步检验表明,混频多因子高阶矩模型具有良好的稳健性。

其次,本书进一步对混频因子高阶矩模型的经济价值进行了评价。与之前统计意义检验部分有所不同,此处仅考虑了一种从A股市场中随机抽取的一揽子股票进行投资组合分析。由描述统计结果可知,随机抽取的30只股票的分布情况与正态分布存在明显差异,具有显著的高阶矩特征,这在一定程度上保证了构建高阶矩投资组合模型的合理性。为了估计混频因子高阶矩模型,与之前类似地先对混频因子模型中最优因子个数进行识别检验,结果表明,Gumbel统计量在各阶矩以及联合检验下均推荐使用混频单因子模型。基于这一结论,本书从样本内和样本外两种角度对不同方法构建的高阶矩投资组合进行分析。样本内分析实证研究结果表明,在以期望效用最大化为目标函数条件下混频因子模型具有最大的期望效用且随着相对风险厌恶系数的变化这一结论依然保持稳健。与此同时,随着相对风险厌恶系数的提高,基于混频因子模型构建的高阶矩投资组合的期望收益也逐渐提高,并且具有最小的年化波动率。通过使用修正期望损失对高阶矩投资组合的下行风险进行分析表明,由混频因子模型构建的高阶矩投资组合具有最小的下行风险。由均值-风险构建的有效投资组合前沿进一步表明了混频因子模型的优势。样本外分析实证研究结果表明,混频因子高阶矩模型在不同的相对风险厌恶系数下依然具有最大的平均期望效用和最小的标准误差。同时,基于历史数据回测检验的样本外描述统计结果表明,使用混频因子模型构建的高阶矩投资组合收益具有良好的表现且随着相对风险厌恶系数的提高,该方法的优势愈发明显,年波动率的结果进一步表明了由混频因子模型构建的高阶矩投资组合风险最小。在采用修正期望损失衡量投资组合的下行风险方面，混频因子模型具有最小的期望损失，其对应的最大跌幅也远远小于其他高阶矩估计方法。

最后，本章对中国股票市场构建高阶矩投资组合的可行性和必要性做了总结。在前人已有研究成果的基础上，将混频因子模型引入高阶矩投资组合之中，以进一步提高因子对收益率的解释能力，从而使得高阶矩投资组合具有更优的表现。

6 结论与研究展望

6.1 主要结论

金融市场中普遍存在的非对称性和尖峰厚尾等高阶矩特征以及投资者效用函数的非二次性使得 Markowitz（1952）提出的均值-方差投资组合模型面临着前所未有的挑战。随着金融市场相关理论和实证研究的逐步完善和拓展，越来越多的学者开始意识到将高阶矩特征引入均值-方差投资组合研究中的重要性。特别是近 20 年来，高阶矩信息与资产定价、波动率建模和风险度量等方面相结合的理论与实证研究不断涌现。本书在前人现有研究成果的基础上，针对因子模型在估计高阶矩投资组合研究中的不足，按照逐步递进的思路，对基于混频多因子模型高阶矩建模及其投资组合优化问题做了进一步的研究，并试图解决传统因子模型估计高阶矩矩阵时面临的两个问题：一是使用可观测因子构建因子模型估计高阶矩矩阵时，针对最优因子个数识别问题；二是假定收益率生成过程服从同频因子模型可能存在解释能力不足问题。同时，为了减小高阶矩时变特征对本书构建投资组合的影响，本书采用滚动样本估计方法构建静态高阶矩投资组合优化研究。具体来看，本书的主要研究结论如下：

在使用因子模型估计高阶矩矩阵时，针对最优因子个数识别方面，本书通过使用可观测的 Fama 和 French（2015）五因子数据，基于残差视角提出了一种高阶矩最优因子个数检验方法。通过对收益率数据生成过程施加因子模型结构以避免"维数灾难"的问题，在模型设定恰当的条件下，这意味着由扰动项构建得到的高阶矩矩阵应具有较为明显的稀疏性特征，因此我们可以基于高阶矩矩阵是否存在稀疏性这一特征来判断此时使用的因子模型设定是否合理。由此提出高阶矩矩阵稀疏性检验的一般思路，并通过数学推导获得在给定因子个数下模型设定正确时形成的真实渐近分布情况。进一步地，利用这一真实分布特征，分别提出了参数的 Wald 检验和非参数的 Gumbel 检验两种检验方法，以在统计意义上判断使用不同因子个数条件下模型选择的适当性。同时，考虑到本书使用的可观测因子模型存在嵌套，由此提出了因子模型最优因子个数筛选方法和策略。最后，为了验证本书提出的 Wald 统计量和 Gumbel 统计量的有用性，在第 4 章采用了大量蒙特卡洛模拟对因子模型最优因子个数识别的准确性做进一步验证。由模拟结果可以得到以下几条结论：第一，在构建的投资组合中资产个数较少时，即使在观测样本相对较小的条件下 Wald 检验也具有较为良好的检验水平和检验功效，且随着 T/N 比的增加其检验水平和检验功效会进一步提高；第二，随着构建的投资组合中资产个数的增加，Wald 检验由于维数的快速增加，其检验水平会存在一定的扭曲，Gumbel 检验此时呈现出了较为良好的检验水平和检验功效。由于在使用股票构建投资组合时其资产个数往往较多，因此 Gumbel 检验在大部分情况下被推荐用来识别最优因子个数。第三，在由实际股票数据构建的投资组合研究中，大量实证结果表明在大部分情况下使用单因子模型便足够识别投资组合中包含的高阶矩信息。

在使用混频多因子模型估计高阶矩矩阵方面，考虑到收益率数据生成过程中使用传统的同频因子模型可能存在解释能力不足的问题，混频多因子模型被提出用来缓解这一问题。在第 4 章混频因子高阶矩模型检验部分，本书分别基于无约束混频因子模型和有约束混频因子模型两种方法尝试构建了高阶矩矩阵，并采用蒙特卡洛模拟对上述两种方法在最优因子个数识别能力方面做了大量的检验。模拟结果表明：第一，当无约束混频因子模型中实际使用的高频因子个数较小时，在可观测样本较少的条件下模型具有良好的检验水平和检验功效，随着高频因子个数的增加，由于采用高频因子得到的方差协方差矩阵中待估参数的大量增加，其在样本较小时存在一定程度的扭曲；但随着 T/N 比的增加，这一扭曲可以快速得到缓解。因此可知无约束混频模型在有限样本下使用较多的高频解释变量无益于提高混频模型的检验水平。第二，为了避免高频因子个数增加、频率倍差过大以及高频解释变量滞后阶数较长将导致待估参数快速增加，有约束混频因子模型被推荐用来构建混频因子高阶矩模型，同样采用模拟方法结果表明，有约束混频因子模型可以显著降低由待估参数大量增加而导致的检验水平扭曲，同时具有与无约束混频因子模型同样良好的检验功效。因此，结合上文提到的 Gumbel 检验在最优因子个数识别方面的优良性质，基于 Gumbel 检验的有约束混频因子模型将在全文中被推荐使用。

在混频多因子模型高阶矩投资组合应用研究方面，本书从统计意义和经济价值评价两个方面对混频因子模型和其他几种主要的高阶矩矩阵估计方法在投资组合优化中表现的优劣进行了多方面比较。

在统计意义上，通过使用来自深交所和上交所所有上市的 A 股共 147 只股票数据作为分析样本，随机地从我国 A 股市场抽取一揽子股票作为投资组合并重复进行 100 次，以获得不同检验方法的分布情况。研究结果表明：第一，与朴素估计、独立估计等其他已有高阶矩估计方法相比，混频因子模型在估计高阶矩矩阵时具有最少的均方估计误差；第二，在以货币效用收益作为衡量标准的不同方法构建的高阶矩投资组合中，所有结构化估计方法中混频因子模型具有最高的货币效用收益；第三，在由不同方法估计高阶矩得到的投资组合权重中，混频因子模型估计得到的投资组合权重具有最少的极端资产配置行为和最小换手率;第四,滚动窗口的调整和相对风险厌恶系数的改变不会影响混频因子模型估计在所有方法中的优势,表明基于混频因子模型估计的高阶矩矩阵具有良好的稳健性;第五,为了避免本书估计方法中可能产生的幸存者偏误问题,允许投资者调整资产标的并对高阶矩投资组合重新进行检验,其结果进一步表明混频因子模型具有良好的估计效果。

在经济价值评价上,为了研究混频因子模型构建的高阶矩投资组合是否在收益-风险上具有更加良好的表现,通过随机从147只股票中抽取30家公司股票作为样本,从样本内分析和基于回测检验方法的样本外分析两个角度对混频因子高阶矩模型的经济价值进行了评价。样本内分析实证研究结果表明:第一,由混频因子模型构建的高阶矩投资组合不仅具有最小的年化波动率,其对应的年化收益率也明显高于其他方法构建的投资组合;第二,以修正期望损失作为投资组合下行风险衡量标准表明,混频因子模型可以显著降低高阶矩投资组合的下行风险;第三,相对风险厌恶系数的改变不会影响混频因子模型在估计高阶矩矩阵方面的优势。样本外实证分析结果表明:第一,在以期望效用最大化为目标函数优化得到的所有高阶矩投资组合中,采用混频因子模型得到的期望效用最大;第二,由混频因子模型构建的高阶矩投资组合同样具有最小的年化波动率,其对应的年化收益率也明显高于其他方法构建的投资组合;第三,从同样使用修正期望损失衡量的下行风险来看,相对于其他已有估计方法,由混频因子模型得到的高阶矩投资组合依旧具有最小的下行风险,与此同时投资组合的最大跌幅也显著低于其他高阶矩估计方法。

6.2 研究展望

本书进一步拓展了包含高阶矩的投资组合优化研究，提出了一套完整的基于因子模型高阶矩投资组合最优因子个数识别的方法。同时，通过使用混合频率数据突破现有研究在估计高阶矩矩阵时的局限性，在一定程度上弥补和完善了当前研究中的不足。但是，仍有一些问题有待进一步研究和探讨，具体来看：

第一，基于因子模型高阶矩估计最优因子个数的识别方法仍存在进一步完善的空间。本书在高阶矩最优因子个数识别检验上，分别使用了 Wald 统计量和 Gumbel 统计量两种检验方法。两种方法分别在低维和高维情况下存在明显的优势，但并未找出一种可以在低维和高维条件下均适用的统计检验方法。因此，寻找一种具有普遍适用的基于可观测因子框架下的高阶矩最优因子个数识别方法便成为下一步有待解决的问题。

第二，基于高阶矩的统计因子模型研究依然存在空白。本书在使用因子模型估计高阶矩矩阵时，使用了基于基本面构建可观测的 Fama 和 French（2015）五因子模型。对不可观测的统计因子模型如何从收益率中提取高阶矩信息从而选择最优的因子个数进而构建高阶矩投资组合仍有待解决。

第三，混频因子模型的高阶矩建模仍有待进一步深入。本书在第 4 章中采用混频数据抽样模型估计各阶矩矩阵，并利用历史数据得到的各阶矩矩阵作为未来下一时期的估计量。该方法并未充分利用混频数据抽样模型在预测方面的优势。在后续的研究中，可考虑采用混频方法得到未来时期的各阶矩矩阵的预测值，从而有可能进一步提高高阶矩投资组合的表现。

第四，基于混频因子模型的时变高阶矩建模研究仍需补充。本书在构建混频多因子高阶矩投资组合时为了减少方差、偏度和峰度的时变性可能带来的影响，在估计高阶矩投资组合时采用了滚动样本估计方法，其本质仍为静态高阶矩投资组合研究。在现代投资组合理论研究和实践中，该方法并不能完全满足投资者对高阶矩投资组合中标的资产个数、期望收益和风险的实时控制与调整的目的。因此，基于混频因子模型的时变高阶矩建模及其投资组合具有进一步研究的空间。

第五，基于高频数据的高阶矩建模研究亟待解决。本书在估计高阶矩矩阵时，通过使用混频数据将频率较高的周度（日度）数据与月度数据相结合的方式进行。该方法仍局限在样本可观测频率为日度或以上等类型的数据。日度内数据可观测量大，因而在解决"维数灾难"问题方面具有独有的优势，但由于高频数据中存在明显的日内噪声和非同步交易等问题，使用高频数据构建高阶矩投资组合仍然存在诸多难题。尽管已有部分研究开始使用这一思路尝试估计协方差矩阵并由此构建均值-方差投资组合，但在更高阶矩估计方面如何充分利用高频数据中含有的高阶矩信息仍有待进一步探讨。

参考文献

[1] AHN S C, HORENSTEIN A R. Eigenvalue Ratio Test for the Number of Factors [J]. Econometrica, 2013, 81 (3): 1203-1227.

[2] AMAYA D, CHRISTOFFERSEN P, JACOBS K. Does Realized Skewness Predict the Cross-Section of Equity Returns? [R]. SSRN Working Paper, 2013.

[3] ANDREOU E, GHYSELS E, KOURTELLOS A. Should Macroeconomic Forecasters Use Daily Financial Data and How? Journal of Business and Economic Statistics, 2013, 31 (2): 240-251.

[4] ANG A, BEKAERT G. International Asset Allocation with Regime Shifts [J]. Review of Financial Studies, 2002, 15 (4): 1137-1187.

[5] ANG A, HODRICK R J, XING Y H, et al. The Cross-Section of Volatility and Expected Returns [J]. Journal of Finance, 2006, 61 (1): 259-299.

[6] ANG A, CHEN J, XING Y H. Downside Risk [J]. Review of Financial Studies, 2006, 19 (4): 1191-1239.

[7] ARDIA D, BOUDT K, CARL P, et al. Differential Evolution with DEoptim [J]. The R Journal, 2011, 3 (1): 27-34.

[8] ARDITTI F. Risk and the Required Return on Equity [J]. Journal of Finance, 1967, 22: 19-36.

[9] ARDITTI F. Another Look at Mutual Fund Performance [J]. Journal of Financial Quantitative Analysis, 1971, 6: 913-924.

[10] ATHAYDE G M, FLORES J R G. Finding a Maximum Skewness Portfolio-A General Solution to Three-moments Portfolio Choice [J]. Journal of Economic Dynamics and Control, 2004, 28 (7): 1335-1352.

[11] BAFFIGI A, GOLINELLI R, PARIGI G. Bridge Models to Forecast the Euro Area GDP [J]. International Journal of Forecasting, 2004, 20 (3): 447-460.

[12] BAI J S, NG S. Determining the Number of Factors in Approximate Factor Models [J]. Econometrica, 2002, 70 (1): 191-221.

[13] BAI J S. Estimating Cross-Section Common Stochastic Trends in Nonstationary Panel Data [J]. Journal of Econometrics, 2004, 122: 137-183.

[14] BAI J S, GHYSELS E, WRIGHT J. State Space Models and MIDAS Regressions [J]. Econometric Reviews, 2013, 32 (7): 779-813.

[15] BEKAERT G, HARVEY C. Emerging Equity Market Volatility [J]. Journal of Financial Economics, 1997, 43 (1): 29-77.

[16] BERENYI Z. Accounting for Illiquidity and Non-normality of Returns in the Performance Assessment [J]. SSRN Working Paper, 2001.

[17] BERENYI Z. Measuring Hedge Fund's Risks with Moment-based Variance-equivalent Measures [J]. Working Paper, 2002.

[18] BERENYI Z. Risk and Performance Evaluation with Skewness and Kurtosis for Conventional and Alternative Investments [M]. 2004, Switzerland, Peter Lang Publishing.

[19] BLACK F, LITTERMAN R. Global Portfolio Optimization [J]. Financial Analysts Journal, 1992, 48 (5): 28-43.

[20] BOUDT K, PETERSON B, CROUX C. Estimation and Decomposi-

tion of Downside Risk for Portfolios with Non-normal Returns [J]. Journal of Risk, 2008, 11 (2): 79-103.

[21] BOUDT K, CORNELISSEN J, CROUX C. The Gaussian Rank Correlation Estimator: Robustness Properties [J]. Statistics and Computing, 2012, 22: 471-483.

[22] BOUDT K, PETERSON B. Asset Allocation with Risk Factors [J]. Quantitative Finance Letters, 2013, 1: 60-65.

[23] BOUDT K, KARL P, PETERSON B. Asset Allocation with Conditional Value-at-Risk Budgets [J]. Journal of Risk, 2013, 15: 39-68.

[24] BOUDT K, LU W B, PEETERS B. Higher Order Comoments of Multifactor Models and Asset Allocation [J]. Finance Research Letters, 2015, 13: 225-233.

[25] BOUDT K, CORNILLY D, VERDONCK T. A Coskewness Shrinkage Approach for Estimating the Skewness of Linear Combinations of Random Variables [J]. Journal of Financial Econometric, 2018a, 10: 1-23.

[26] BOUDT K, CORNILLY D, VERDONCK T. Nearest Comoment Estimation with Unobserved Factors [J]. Journal of Econametrics, 2020, 217 (2): 381-397.

[27] BRANDT M. Portfolio Choice Problems [M]. Handbook of Financial Econometrics, 2005, UK, Elsevier Science Ltd.

[28] BRANDT M, SANTA-CLARA P, VALKANOV R. Parametric Portfolio Policies: Exploiting Characteristics in the Cross Section of Equity Returns [J]. Review of Financial Studies, 2009, 22: 3411-3447.

[29] BRIEC W, KERSTENS K, WOESTYNE I. Portfolio Selection with Skewness: a Comparison of Methods and a Generalized One Fund Result [J]. European Journal of Operational Research, 2013, 230 (2): 412-421.

[30] BROWN S W, GOETZMANN W, IBBOTSON R, et al. Survivorship Bias in Performance Studies [J]. Review of Financial Studies, 1992, 5 (4): 553-580.

[31] CARHART MM. On Persistence in Mutual Fund Performance [J]. The Journal of Finance, 1997, 52 (1): 57-82.

[32] CAMPBELL J. Intertemporal Asset Pricing Without Consumption Data [J]. American Economic Review, 1993, 83: 487-512.

[33] CAMPBELL J Y, VICEIRA L M. Consumption and Portfolio Decisions when Expected Returns are Time Varying [J]. The Quarterly Journal of Economics, 1999, 114 (2): 433-495.

[34] CAMPBELL J Y, VICEIRA L M. Who Should Buy Long-Term Bonds? [J]. The American Economic Review, 2001, 91 (1): 99-127.

[35] CHAMBERLAIN G, ROTHSCHILD. Arbitrage, Factor Structure and Mean-Variance Analysis in Large Asset Markets [J]. Econometrica, 1983, 51: 1305-1324.

[36] CHAN K C, CHEN N F, HSIEH D A. An Exploratory Investigation of the Firm Size Effect [J]. Journal of Financial Economics, 1985, 14 (3): 451-471.

[37] CHAN L, KARCESKI J, LAKONISHOK J. On Portfolio Optimization: Forecasting Covariance and Choosing the Risk Model [J]. Review of Financial Studies, 1999, 12: 937-974.

[38] CHEN N F, ROLL R, ROSS S A. Economic Forces and the Stock Market [J]. The Journal of Business, 1986, 59 (3): 383-403.

[39] CHRISTIE-DAVID R, CHAUDHARY M. Co-Skewness and Co-Kurtosis in Future Markets [J]. Journal of Empirical Finance, 2001, 8: 55-81.

[40] CLEMENTS M P, GALVAO A B. Macroeconomic Forecasting with

Mixed-Frequency Data: Forecasting US output growth [J]. Journal of Business and Economic Statistics, 2008, 26: 546-554.

[41] CLEMENTS M P, GALVAO A B. Forecasting US Output Growth Using Leading Indicators: An Appraisal Using MIDAS models [J]. Journal of Applied Econometrics, 2009, 24 (7): 1057-1217.

[42] CONNOR G, KORAJCZYK R. Performance Measurement with the Arbitrage Pricing Theory a New Framework for Analysis [J]. Journal of Financial Economics, 1986, 15: 373-394.

[43] CONNOR G, KORAJCZYK R. Risk and Return in an Equilibrium APT: Application of a New Test Methodology [J]. Journal of Financial Economics, 1988, 21: 255-289.

[44] CONNOR G, KORAJCZYK R. A Test for the Number of Factors in an Approximate Factor Model [J]. Journal of Finance, 1993, 48: 1263-1291.

[45] CONNOR G. The Three Types of Factor Models: A Comparison of Their Explanatory Power [J]. Financial Analysts Journal, 1995, 51 (3): 42-46.

[46] CRAGG J G, DONALD S. Inferring the Rank of a Matrix [J]. Journal of Econometrics, 1997, 76 (1-2): 223-250.

[47] CVITANIC J, POLIMENIS V, ZAPATERO FERNANDO. Optimal portfolio allocation with higher moments [J]. Annals of Finance, 2008, 4 (1): 1-28.

[48] DEMOL C, GIANNONE D, REICHLIN L. Forecasting Using a Large Number of Predictors: Is Bayesian Shrinkage a Valid Alternative to Principal Components? [J]. Journal of Econometrics, 2008, 146: 318-328.

[49] DICKENSON J P. The Reliability of Estimation Procedures in Portfolio Analysis [J]. Journal of Financial and Quantitative Analysis, 1974a, 9: 447-462.

[50] DICKENSON J P. Some Statistical Aspects of Portfolio Analysis [J]. Journal of Financial and Quantitative Analysis, 1974b, 23: 5-26.

[51] DING AA, HWANG J T G. Prediction Intervals, Factor Analysis Models, and High-Dimensional Empirical Linear Prediction [J]. Journal of the American Statistics Association, 1999, 94: 446-455.

[52] DITTMAR R. Nonlinear Pricing Kernels, Kurtosis Preference, and Evidence from the Cross Section of Equity Returns [J]. Journal of Finance, 2002, 57: 369-403.

[53] DONALD S G. Inference Concerning the Number of Factors in a Multivariate Nonparametric Relationship [J]. Econometrica, 1997, 65 (1): 103-131.

[54] DOZ C, LENGLART F. Analyse Factor Dynamic: Test Number of Factors, Estimation and Application [J]. Annals of Economic and Statistics, 1999, 54: 91-127.

[55] DOZ C, GIANNONE D, REICHLIN L. A Quasi Maximum Likelihood Approach for Large Approximate Dynamic Factor Models [J]. Review of Economics and Statistics, 2012, 94 (4): 1014-1024.

[56] EDERINGTON L H. Why Split Ratings Occur [J]. Financial Management, 1986, 15 (1): 37-47.

[57] ELTION E, GRUBER M. Estimating the Dependence Structure of Share Prices-Implications for Portfolio Selection [J]. Journal of Finance, 1973, 28: 1203-1232.

[58] FANG H, LAI T. Co-kurtosis and Capital Asset Pricing [J]. Financial Review, 1997, 32: 293-307.

[59] FAMA E F. The Behavior of Stock-Market Prices [J]. The Journal of Business, 1965, 38 (1): 34-105.

[60] FAMA E F, FENCH K R. The Cross-Section of Expected Stock Returns [J]. The Journal of Finance, 1992, 47 (2): 427-465.

[61] FAMA E F, FRENCH K R. Common Risk Factors in the Returns on Stocks and Bonds [J]. Journal of Financial Economics, 1993, 33: 3-56.

[62] FAMA E F, FRENCH K R. A Five-Factor Asset Pricing Model [J]. Journal of Financial Economics, 2015, 116 (1): 1-22.

[63] FAN J Q, FAN Y Y, LV J C. High Dimensional Covariance Matrix Estimation Using a Factor Model [J]. Journal of Econometrics, 2008, 147: 186-197.

[64] FAN J Q, LIAO Y, MINCHEVA M. High-Dimensional Covariance Matrix Estimation in Approximate Factor Models [J]. The Annals of Statistics, 2011, 36 (6): 3320-3356.

[65] FAN J Q, LI Y Y, YU K. Vast Volatility Matrix Estimation Using High-Frequency Data for Portfolio Selection [J]. Journal of the American Statistical Association, 2012, 107 (497): 412-428.

[66] FERNANDEZ C, STEEL M F J. On Bayesian Modeling of Fat Tails and Skewness [J]. Journal of the American Statistical Association, 1998, 93 (441): 359-371.

[67] FORONI M, REICHLIN L. Let's Get Real: A Factor-Analytic Approach to Disaggregated Business Cycle Dynamics [J]. Review of Economic Studies, 1998, 65: 453-473.

[68] FORONI M, HALLIN M, LIPPI M, et al. The Generalized Dynamic-Factor Model: Identification and Estimation [J]. Review of Economics and Statistics, 2000, 82: 540-554.

[69] FORONI M, GAMBETTI L. The Dynamic Effects of Monetary Policy: A Structure Factor Model Approach [J]. Journal of Monetary Economics, 2010,

57 (2): 203-216.

[70] FORONI C, MARCELLINO M, SCHUMACHER C. Unrestricted Mixed Data Sampling (MIDAS): MIDAS Regressions with Unrestricted Lag Polynomials [J]. Journal of the Royal Statistical Society Series A, 2013, 178 (1): 57-82.

[71] FORONI C, MARCELLINO M. A Comparison of Mixed Frequency Approaches for Nowcasting Euro Area Macroeconomic Aggregates [J]. International Journal of Forecasting, 2014, 30 (3): 554-568.

[72] FORST P A, JAMES E S. An Empirical Bayes Approach to Portfolio Selection [J]. Journal of Financial and Quantitative Analysis, 1986, 21: 293-305.

[73] FORST P A, JAMES E S. For Better Performance: Constrain Portfolio Weights [J]. The Journal of Portfolio Management, 1988, 15 (1): 29-34.

[74] FRANKFURTER G, PHILLIPS H, SEAGLE J P. Portfolio Selection: The Effects of Uncertain Means, Variances, and Covariances [J]. Journal of Financial and Quantitative Analysis, 1971, 6 (05): 1251-1262.

[75] FRIEND I, WESTERFIELD R. Co-skewness and Capital Asset Pricing [J]. Journal of Finance, 1980, 30: 897-913.

[76] FULEKY P, BONHAM C S. Forecasting with Mixed Frequency Samples: The Case of Multiple Common Trends [J]. Working Paper, 2013.

[77] FUNG W, HSIEH D A. The Risk in Hedge Fund Strategies: Theory and Evidence from Trend Followers [J]. The Review of Financial Studies, 2001, 14 (2): 313-341.

[78] FRALE C, MARCELLINO M, MAZZI G, et al. EUROMIND: A Monthly Indicator of the Euro Area Economic Conditions [J]. Journal of the Royal Statistical Society, Series A, 2011, 174: 439-470.

[79] GHYSELS E, NG S. A Semiparametric Factor Model of Interest Rates and Tests of the Affine Term Structure [J]. The Review of Economics and Statistics, 1998, 80 (4): 535-548.

[80] GHYSELS E, SANTA-CLARA P, VALKANOV R. The MIDAS Touch: Mixed Data Sampling Regression Models [J]. CIRANO Working Papers, 2004.

[81] GHYSELS E, SANTA-CLARA P, VALKANOV R. There is a Risk-Return Trade-Off After All [J]. Journal of Financial Economics, 2005, 76: 509-548.

[82] GHYSELS E, SANTA-CLARA P, VALKANOV R. Predicting Volatility: Getting the Most Out of Return Data Sampled at Different Frequencies [J]. Journal of Econometrics, 2006, 131 (1): 59-95.

[83] GHYSELS E, SINKO A, VALKANOV R. MIDAS Regressions: Further Results and New Direction [J]. Econometric Reviews, 2007, 26 (1): 53-90.

[84] GHYSELS E, WRIGHT J. Forecasting Professional Forecasters [J]. Journal of Business and Economic Statistics, 2009, 27 (4): 504-516.

[85] GOYAL A. Empirical Cross-Sectional Asset Pricing: A Survey [J]. Financial Markets and Portfolio Management, 2012, 26: 3-28.

[86] GREEN R C, HOLLIFIELD B. When Will Mean-Variance Efficient Portfolios be Well Diversified? [J]. Journal of Finance, 1992, 47 (5): 1785-1809.

[87] GREGORY A, HEAD A. Common and Country-Specific Fluctuations in Productivity, Investment, and the Current Account [J]. Journal of Monetary Economics, 1999, 44 (3): 423-451.

[88] GUIDOLIN M, TIMMERMANN A. Optimal Portfolio Choices under

Regime Switching, Skew and Kurtosis Preferences [J]. Federal Reserve Bank of St. Louis Working Paper Series, 2005.

[89] HAJEK J, SIDAK Z. Theory of Rank Tests [J]. New York: Academic Press, 1967.

[90] HALLIN M, LISKA R. Determining the Number of Factors in the General Dynamic Factor Model [J]. Journal of the American Statistical Association, 2007, 102: 603-617.

[91] HARDIN J, ROCKE D. The Distribution of Robust Distances [J]. Journal of Computational and Graphical Statistics, 2005, 14: 928-946.

[92] HARVEY C, SIDDIQUE A. Conditional Skewness in Asset Pricing Tests [J]. Journal of Finance, 2000a, 55: 1263-1295.

[93] HARVEY C, SIDDIQUE A. Time-Varying Conditional Skewness and the Market Risk Premium [J]. Research in Banking and Finance, 2000b, 1: 25-28.

[94] HARVEY C, LIECHTY J, LIECHTY M, et al. Portfolio Selection with Higher Moments [J]. Quantitative Finance, 2010, 10 (5): 469-485.

[95] HAUTSCH N, KYJ L M, MALEC P. Do High - Frequency Data Improve High - Dimensional Portfolio Allocations? [J]. Journal of Applied Econometrics, 2013, 30 (2): 263-290.

[96] HITAJ A, MARTELLINI L, ZAMBRUNO G. Optimal Hedge Fund Allocation with Improved Estimates for Coskewness and Cokurtosis Parameters [J]. Journal of Alternative Investments, 2012, (4): 6-16.

[97] HONG Y M, TU J, ZHOU G F. Asymmetries in Stock Returns: Statistical Tests and Economic Evaluation [J]. The Review of Financial Studies, 2007, 20 (5): 1547-1581.

[98] HWANG S, SATCHELL S. Modelling Emerging Market Risk Premia

Using Higher Moments [J]. International Journal of Finance and Economics, 1999, 4: 271-296.

[99] IMAN R, CONOVER W. A Distribution-Free Approach to Inducing Rank Correlation among Input Variables [J]. Communications in Statistics-Simulation and Computing, 1982, 11: 311-334.

[100] INGERSOLL J. Multidimensional Security Pricing [J]. Journal of Finance and Quantitative Analysis, 1975, 10: 785-798.

[101] JAGANNATHAN R, MA T. Risk Reduction in Large Portfolios: Why Imposing the Wrong Constraints Helps [J]. Journal of Finance, 2003, 35: 915-919.

[102] JEAN W. The Extension of Portfolio Analysis to Three and More Parameters [J]. Journal of Financial and Quantitative Analysis, 1971, 6: 505-515.

[103] JEAN W. Distribution Moments and Equilibrium: Reply [J]. Journal of Financial and Quantitative Analysis, 1972, 7: 1435-3437.

[104] JEAN W. More on Multidimensional Portfolio Analysis [J]. Journal of Financial and Quantitative Analysis, 1973, 8: 475-490.

[105] JENNRICH R I. Asymptotic Properties of Non-linear Least Squares Estimators [J]. Annals of Mathematical Statistics, 1969, 40 (2): 633-643.

[106] JOBSON J D, KORKIE, B. Estimation for Markowitz Efficient Portfolios [J]. Journal of the American Statistical Association, 1980, 75 (371): 544-554.

[107] JOBSON J D, KORKIE B, RATTI V. Improved Estimation for Markowitz Portfolios Using James-Stein Type Estimators [C]. Proceedings of the American Statistical Association, Business and Economics Statistics Section, 279-284.

[108] JONDEAU E, ROCKINGER M. How Higher Moments Affect the Allocation of Assets [J]. Finance Letters, 2003, 1 (2): 1-5.

[109] JONDEAU E, ROCKINGER M. Optimal Portfolio Allocation under Higher Moments [J]. European Financial Management, 2006, 12 (1): 29-55.

[110] JONDEAU E, JURCZENKO E, ROCKINGER M. Moment Component Analysis: An Illustration with International Stock Markets [J]. Journal of Business & Economic Statistics, 2018, 36 (4): 576-598.

[111] JORION P. International Portfolio Diversification with Estimation Risk [J]. Journal of Business, 1985, 58: 259-278.

[112] JORION P. Bayes-Stein Estimation for Portfolio Analysis [J]. Journal of Financial and Quantitative Analysis, 1986, 21: 279-292.

[113] KANDEL S, STAMBAUGH R F. On the Predictability of Stock Returns: An Asset - Allocation Perspective [J]. Journal of Finance, 1996, 51 (2): 385-424.

[114] KAPETANIOS G. An Alternative Method for Determining the Number of Factors in Factor Models with Large Datasets [J]. Journal of Business and Economic Statistics, 2010, 28: 397-409.

[115] KENDALL M G, HILL A B. The Analysis of Economic Time-Series — Part 1: Prices [J]. Journal of the Royal Statistical Society, Series A, 1953, 16 (1): 11-34.

[116] KIM T, WHITE H. On More Robust Estimation of Skewness and Kurtosis [J]. Finance Research Letters, 2004, 1: 56-73.

[117] KIMBALL M. Standard Risk Aversion [J]. Econometrica, 1993, 61: 589-611.

[118] KRAUS A, LITZENBERGER R H. Skewness Preference and the

Valuation of Risk Assets [J]. Journal of Finance, 1976, 31 (4): 1085-1100.

[119] KROLZIG H M, HENDRY D. Computer Automation of General-to-Specific Model Selection Procedures [J]. Journal of Economic Dynamics and Control, 2001, 25 (6-7): 831-866.

[120] KUZIN V, MARCELLINO M, SCHUMACHER C. MIDAS Vs. Mixed-Frequency VAR: Nowcasting GDP in the Euro Area [J]. International Journal of Forecasting, 2011, 27: 529-542.

[121] KVEDARAS V, ZEMLYS V. Testing the Functional Constraints on Parameters in Regressions with Variables of Different Frequency [J]. Economics Letter, 2012, 116 (2): 250-254.

[122] KVEDARAS V, ZEMLYS V. The Statistical Content and Empirical Testing of the MIDAS Restrictions [J]. Working Paper, 2013.

[123] LAI T. Portfolio with Skewness: A Multiple-Objective Approach [J]. Review of Quantitative Finance and Accounting, 1991, 1: 293-305.

[124] LAMBERT P, LAURENT S. Modelling Financial Time Series Using GARCH-Type models and a Skewed Student Density [J]. Working Paper, 2001.

[125] LAWLEY D N, MAXWELL A E. Factor Analysis in a Statistical Method Butterworth [M]. 1971, London.

[126] LEDIOT O, WOLF M. Improved Estimation of the Covariance Matrix of Stock Returns with an Application to Portfolio Selection [J]. Journal of Empirical Finance, 2003, 10: 603-621.

[127] LEDIOT O, WOLF M. Honey, I Shrunk the Sample Covariance Matrix [J]. The Journal of Portfolio Management, 2004, 30 (4): 110-119.

[128] LEHMANN B N, MODEST D M. The Empirical Foundations of the Arbitrage Pricing Theory [J]. Journal of Financial Economics, 1988, 21 (2):

213-254.

[129] LEHMANN B N, MODEST D M. Diversification and the Optimal Construction of Basis Portfolios [J]. Management Science, 2005, 51 (4): 519-678.

[130] LEON A, RUBIO G, SERNA G. Autoregressive Conditional Volatility, Skewness and Kurtosis [J]. The Quarterly Review of Economics and Finance, 2005, 45: 599-618.

[131] LEVY H. A Utility Function Depending on the First Three Moments [J]. Journal of Finance, 1969, 24: 715-719.

[132] LEWBEL A. The Rank of Demand Systems: Theory and Nonparametric Estimation [J]. Econometrica, 59: 711-730.

[133] LHABITANT F S. Enhancing Portfolio Performance Using Options Strategies: Why Beating the Market is Easy. European Research Symposium Proceedings, 1998, Chicago Board Of Trade.

[134] LI Z, WANG Q W, YAO J F. Identifying the Number of Factors from Singular Values of a Large Sample Auto-Covariance Matrix [J]. The Annals of Statistics, 2017, 45 (1): 257-288.

[135] LIU S, WANG S Y, QIU W. Mean-Variance-Skewness Model for Portfolio Selection with Transaction Costs [J]. International Journal of Systems Science, 2003, 34 (4): 255-262.

[136] LIU L P. A New Foundation for the Mean-Variance Analysis [J]. European Journal of Operational Research, 2004, 158 (1): 229-242.

[137] LUDVIGSON S C, NG S. Macro Factors in Bond Risk Premia [J]. The Review of Financial Studies, 2009, 22 (12): 5027-5064.

[138] LINTNER J. The Valuation of Risk Assets and the Selection of Risky Investments in Stock Portfolios and Capital Budgets [J]. Review of Economics

and Statistics, 1965, 47: 13-37.

[139] LU W B, YANG D, BOUDT K. A Misspecification Test for the Higher Order Co-moments of the Factor Model [J]. Statistics, 2019, forthcoming.

[140] MANDELBROT B B. The Variation of Certain Speculative Prices [J]. Journal of Business, 1963a, 36: 394-419.

[141] MANDELBROT B B. New Methods in Statistical Economics [J]. Journal of Political Economy, 1963b, 71: 421-440.

[142] MARCELLINO M, SCHUMACHER C. Factor-MIDAS for Now- and Forecasting with Ragged-Edge Data: A Model Comparison for German GDP [J]. Oxford Bulletin of Economics and Statistics, 2010, 72: 518-550.

[143] MARIANO R, MURASAWA Y. A New Coincident Index of Business Cycles Based on Monthly and Quarterly Series [J]. Journal of Applied Econometrics, 2003, 18 (4): 427-443.

[144] MARIANO R, MURASAWA Y. A Coincident Index, Common Factors, and Monthly Real GDP [J]. Oxford Bulletin of Economics and Statistics, 2010, 72 (1): 27-46.

[145] MARINGER D, PARPAS P. Global Optimization of Higher Order Moments in Portfolio Selection [J]. Journal of Global Optimization, 43 (2): 219-230.

[146] MARKOWITZ H. Portfolio Selection [J]. The Journal of Finance, 1952, 7 (1): 77-91.

[147] MARKOWITZ H. Mean-Variance Approximations to Expected Utility [J]. European Journal of Operational Research, 2014, 234 (2): 346-355.

[148] MARSCHAK J. Money and the Theory of Assets [J]. Econometrica, 1938, 6 (4): 311-325.

[149] MARSILLI C. Mixed-Frequency Modeling and Economic Forecasting [D]. Université de Franche-Comté, 2014.

[150] MARTELLINI L, ZIEMANN V. Improved Estimates of Higher-Order Comoments and Implications for Portfolio Selection [J]. The Review of Financial Studies, 2010, 23 (4): 1467-1502.

[151] MERTON R C. An Intertemporal Capital Asset Pricing Model [J]. Econometrica, 1973, 41 (5): 867-887.

[152] MICHAUD R. The Markowitz Optimization Enigma: Is Optimized Optimal? [J]. Financial Analysts Journal, 1989, 45: 31-42.

[153] MICHAUD R. Efficient Asset Management: A Practical Guide to Stock PortfolioOptimization and Asset Allocation [M]. 1998, Boston: Harvard Business Scholl Press.

[154] MICHAUD R O, MICHAUD R O. Efficient Asset Management: A Practical Guide to Stock Portfolio Optimization and Asset Allocation Second Edition [M]. 2008, New York: Oxford University Press.

[155] MICHAUD R, MICHAUD R. Estimation Error and Portfolio Optimization: A Resampling Solution [J]. Journal of Investment Management, 2008, 6 (1): 8-28.

[156] MONTEFORTE M, MORETTI G. Real-Time Forecasts of Inflation: The Role of Financial Variables [J]. Journal of Forecasting, 2013, 32 (1): 51-61.

[157] NEWBOLD, HARVEY A. Forecast Combination and Encompassing [M]. A Companion to Economic Forecasting, 2002, Oxford, Basil Blackwell.

[158] RANDLES R. On the Asymptotic Normality of Statistics with Estimated Parameters [J]. Annals of Statistics, 1982, 10: 462-474.

[159] ROSS S A. The Arbitrage Theory of Capital Asset Pricing [J]. Jour-

nal of Economic Theory, 1976, 13 (3): 341-360.

[160] RUBINSTEIN M. The Fundamental Approximation Theorem of Portfolio Analysis in Terms of Mean, Variances and Higher Moments [J]. Review of Economic Studies, 1970, 37: 537-543.

[161] SAMUELSON P. The Fundamental Approximation Theorem of Portfolio Analysis in terms of Means, Variances and Higher Moments [J]. Review of Economic Studies, 1970, 37 (4): 537-542.

[162] SCHWESER C. Multidimensional Security Pricing: A Correction [J]. Journal of Financial and Quantitative, 1978, 30: 177-183.

[163] SCOTT R, HORVATH P. On the Direction of Preference for Moments of Higher Order than the Variance [J]. Journal of Finance, 1980, 35 (4): 915-919.

[164] SHARPE W F. A Simplified Model for Portfolio Analysis [J]. Management Science, 1963, 9 (2): 171-349.

[165] SIMS C A. Macroeconomics and Reality [J]. Econometrica, 1980, 48 (1): 1-48.

[166] SIMAAN Y. What is the Opportunity Cost of Mean-Variance Investment Strategies? [J]. Management Science, 1993, 39 (5): 579-587.

[167] STEIGER J H. Factor Indeterminacy in the 1930s and the 1970s Some Interesting Parallels [J]. Psychometrika, 1979, 40: 157-167.

[168] STOCK J, WATSON M. New Indexed of Coincident and Leading Economic Indicators [J]. NBER Macroeconomics Annual 4, 1989.

[169] STOCK J, WATSON M. Forecasting Inflation [J]. Journal of Monetary Economics, 1999, 44: 293-335.

[170] STOCK J, WATSON M. Macroeconomic Forecasting Using Diffusion Indexes [J]. Journal of Business and Economic Statistics, 2002, 20: 147-162.

[171] STORN R, PRICE K. Differential Evolution-A Simple and Efficient Heuristic for Global Optimization over Continuous Spaces [J]. Journal of Global Optimization, 1997, 11: 341-359.

[172] SUN Q, YAN Y X. Skewness Persistence with Optimal Portfolio Selection [J]. Journal of Banking & Finance, 2003, 27 (6): 1111-1121.

[173] ZADROZNY P A. Gaussian-Likelihood of Continuous-Time ARMAX Models When Data Are Stocks and Flows at Different Frequencies [J]. Econometric Theory, 1988, 4 (1): 108-124.

[174] ZIVOT, E. Factor model risk analysis [R]. Presentation at R/Finance, 2011.

[175] 白仲林, 白强. 一类近似因子模型的GMM估计及其统计性质研究 [J]. 统计研究, 2016, 33 (3): 18-23.

[176] 陈志娟, 叶中行. 有交易费用和高阶矩的最优投资组合问题 [J]. 上海交通大学学报, 2008, 3: 500-503.

[177] 方立兵. 金融资产收益率的高阶矩建模与资产评价 [M]. 南京: 南京大学出版社, 2015.

[178] 龚玉婷, 陈强, 郑旭. 基于混频模型的CPI短期预测研究 [J]. 统计研究, 2014, 31 (12): 25-31.

[179] 何朝林, 孟卫东. 基于矩分析的资产组合选择 [J]. 数理统计与管理, 2009, 1: 82-88.

[180] 黄文彬, 郑振龙. 基于高阶矩的金融资产定价和配置 [J]. 福州大学学报（哲学社会科学版）, 2010, 1: 23-28.

[181] 蒋翠侠, 许启发, 张世英. 金融市场条件高阶矩风险与动态组合投资 [J]. 中国管理科学, 2007, 1: 27-33.

[182] 蒋翠侠, 许启发, 张世英. 基于多目标优化和效用理论的高阶矩动态组合投资 [J]. 统计研究, 2009, 10: 73-80.

[183] 柯睿. 多元时变高阶矩建模及其投资组合研究 [D]. 成都：西南财经大学, 2017.

[184] 李选举, 高全胜. 交易费用和 CVaR 风险测度下的稳健投资组合 [J]. 数量经济技术经济研究, 2004, 8：85-90.

[185] 李志冰, 杨光艺, 冯永昌, 等. Fama-French 五因子模型在中国股票市场的实证检验 [J]. 金融研究, 2017, 444 (6)：191-206.

[186] 李正辉, 郑玉航. 基于混频数据模型的中国经济周期区制监测研究 [J]. 统计研究, 2015, 32 (1)：33-40.

[187] 刘金全, 刘汉, 印重. 中国宏观经济混频数据模型应用：基于 MIDAS 模型的实证研究 [J]. 经济科学, 2010, 5：23-34.

[188] 刘汉, 刘金全. 中国宏观经济总量的实时预报与短期预测：基于混频数据预测模型的实证研究 [J]. 经济研究, 2011, 46 (3)：4-17.

[189] 刘振亚, 李博. 法玛-弗兰奇五因子模型的动态分析 [J]. 经济理论与经济管理, 2017, 11：28-37.

[190] 鲁万波. 基于特征变量的中国股票市场微观结构数量研究：日内模式、持续时间与价格发现 [M]. 成都：西南财经大学出版社, 2011.

[191] 鲁万波, 杨冬. 基于半参数混频误差修正模型的中国 CPI 预测研究 [J]. 统计研究, 2018, 35 (10)：28-43.

[192] 马丹, 刘丽萍. 大规模高纬度金融资产的系统风险测量：基于动态条件异方差潜在因子模型的视角 [J]. 数量经济技术经济研究, 2012, 29 (11)：102-115.

[193] 苏海军, 杨煜普, 王宇嘉. 微分进化算法的研究综述 [J]. 系统工程与电子技术, 2008, 30 (9)：1793-1797.

[194] 王福胜, 彭胜志. 投资组合优化中的泰勒级数收敛性与展开点选择问题研究 [J]. 中国管理科学, 2011, 19 (3)：33-38.

[195] 彭胜志. 基于高阶矩的投资组合优化研究 [D]. 哈尔滨：哈尔

滨工业大学,2012.

[196] 彭胜志,王福胜.基于半定规划松弛的高阶投资组合优化研究[J].管理工程学报,2013,2:88-93.

[197] 彭胜志.基于高阶矩的投资组合优化研究[M].北京:中国林业出版社,2016.

[198] 粟芳,蔡学章,俞自由.含有高阶矩的CAPM模型探讨[J].东北财经大学学报,2003,27(3):39-42.

[199] 王永舵,王建华,魏平.高阶矩CAPM模型的建立及实证分析[J].统计与决策,2005,4:21-22.

[200] 王春峰,庄泓刚,房振明,等.多维条件方差偏度峰度建模[J].系统工程理论与实践,2010,2:324-331.

[201] 王福胜,彭胜志.投资组合优化中的泰勒级数收敛性与展开点选择问题研[J].中国管理科学,2011,3:33-38

[202] 王茵田,朱英姿.中国股票市场风险溢价研究[J].金融研究,2011,373(7):152-166.

[203] 王艳萍,陈志平,陈玉娜.多因子投资组合选择模型研究[J].工程数学学报,2012,29(6):807-814.

[204] 王维国,于扬.基于混频回归类模型对中国季度GDP的预报方法研究[J].数量经济技术经济研究,2016,33(04):108-125.

[205] 王鹏,吴金宴.基于协高阶视角的沪港股市风险传染分析[J].管理科学学报,2018,21(6):29-42.

[206] 许林,肖水灵,董永琦.我国对冲基金的生存偏差、市场环境偏差与绩效评价[J].金融发展研究,2017,1:28-37.

[207] 许启发.高阶矩波动性建模及应用[J].数量经济技术经济研究,2006,12:125-145.

[208] 许启发,张世英.多元条件高阶矩波动性建模[J].系统工程学

报, 2007, 1: 1-8.

[209] 许启发. 金融高阶矩风险识别与控制 [M]. 北京: 清华大学出版社, 2007.

[210] 徐剑刚, 张晓蓉, 唐国兴. 混合数据抽样波动模型 [J]. 数量经济技术经济研究, 2007, 11: 77-85.

[211] 杨炘, 滕兆学. 中国A股市场股票投资组合特征分析与Fama-French三因子模型 [J]. 杭州师范学院学报（社会科学版）, 2003, 2: 14-24.

[212] 于孝建, 陈曦. 高阶矩风险评价模型能否改善投资绩效?: 来自中国市场的验证 [J]. 金融发展研究, 2018, 12: 10-15.

[213] 袁铭, 温博慧. 基于MF-VAR的混频数据非线性格兰杰因果关系检验 [J]. 数量经济技术经济研究, 2017, 34 (5): 122-135.

[214] 张劲帆, 刚健华, 钱宗鑫, 等. 基于混频向量自回归模型的宏观经济预测 [J]. 金融研究, 2018, 457 (7): 34-48.

[215] 赵胜民, 闫红蕾, 张凯. Fama-French五因子模型比三因子模型更胜一筹吗: 来自中国A股市场的经验证据 [J]. 南开经济研究, 2016, 2: 41-59.

[216] 赵钊. 高维条件协方差矩阵的非线性压缩估计及其在构建最优投资组合中的应用 [J]. 中国管理科学, 2017, 25 (8): 46-57.

[217] 郑挺国, 尚玉皇. 基于金融指标对中国GDP的混频预测分析 [J]. 金融研究, 2013, 9: 16-29.

附录　因子模型框架下高阶矩矩阵分解

为了使表达更加简洁且不失一般性，此处我们采用同频因子模型并对收益率和因子进行了剔除均值处理，此时因子模型可以表示为 $R_{it} = \beta_i' f_t + \varepsilon_{it}$。根据模型外生性假定因子与扰动项之间应相互独立，因此对于 $j \neq k$ 时我们有 $E[(\beta_i' f_t)^p \varepsilon_{jt}^q] = E[(\beta_i' f_t)^p] E[\varepsilon_{jt}^q]$。而扰动项各截面之间相互独立意味着 $E[\varepsilon_{jt}^p \varepsilon_{kt}^q] = E[\varepsilon_{jt}^p] E[\varepsilon_{kt}^q]$。由此，独立性假定的存在可以大大简化高阶矩矩阵的结构。具体来看，先考虑协偏度矩阵 $\boldsymbol{\Phi} = \boldsymbol{\beta} G(\boldsymbol{\beta} \otimes \boldsymbol{\beta}') + \boldsymbol{\Omega}$ 中的元素。对于资产 i 的协偏度结果我们有

$$\Phi_{iii} = E[(\beta_i' f_t + \varepsilon_{it})^3]$$
$$= E[(\beta_i' f_t)^3 + 3(\beta_i' f_t) \varepsilon_{it}^2 + 3(\beta_i' f_t)^2 \varepsilon_{it} + \varepsilon_{it}^3]$$
$$= \beta_i' G(\beta_i \otimes \beta_i) + E[\varepsilon_{it}^3]$$

其中矩阵 $\boldsymbol{\Omega}$ 中由扰动项得到的元素为 $E[\varepsilon_{it}^3]$。而矩阵 $\boldsymbol{\Omega}$ 中的其他元素均为 0，其证明如下，当 $i \neq j$ 时，则：

$$\Phi_{iij} = E[(\beta_i' f_t + \varepsilon_{it})^2 (\beta_j' f_t + \varepsilon_{jt})]$$
$$= E[(\beta_i' f_t)^2 (\beta_j' f_t) + (\beta_i' f_t)^2 \varepsilon_{jt} + 2(\beta_i' f_t) \varepsilon_{it} (\beta_j' f_t) +$$
$$2(\beta_i' f_t) \varepsilon_{it} \varepsilon_{jt} + \varepsilon_{it}^2 (\beta_j' f_t) + \varepsilon_{it}^2 \varepsilon_{jt}]$$
$$= \beta_i' G(\beta_i \otimes \beta_j)$$

当 $i \neq j$，$j \neq k$ 且同时 $i \neq k$ 时，则：

$$\Phi_{ijk} = E[(\beta_i' f_t + \varepsilon_{it})(\beta_j' f_t + \varepsilon_{jt})(\beta_k' f_t + \varepsilon_{kt})] = \beta_i' G(\beta_j \otimes \beta_k)$$

下面我们进一步考虑协峰度矩阵 $\boldsymbol{\Psi} = \boldsymbol{\beta} P(\boldsymbol{\beta} \otimes \boldsymbol{\beta}' \otimes \boldsymbol{\beta}') + \boldsymbol{Y}$ 的特征。

对于资产 i 的协峰度结果我们有

$$\Psi_{iiii} = E[(\beta'_i f_t + \varepsilon_{it})^4]$$

$$= E[(\beta'_i f_t)^4 + 4(\beta'_i f_t)^3 \varepsilon_{it} + 6(\beta'_i f_t)^2 \varepsilon_{it}^2 + 4(\beta'_i f_t)\varepsilon_{it}^3 + \varepsilon_{it}^4]$$

$$= \beta'_i P(\beta_i \otimes \beta_i \otimes \beta_i) + 6\beta'_i S \beta_i E[\varepsilon_{it}^2] + E[\varepsilon_{it}^4]$$

当 $i = k = l$ 且同时 $i \neq j$ 时,则:

$$\Psi_{iiij} = E[(\beta'_i f_t + \varepsilon_{it})^3 (\beta'_j f_t + \varepsilon_{jt})]$$

$$= E[(\beta'_i f_t)^3 + 3(\beta'_i f_t)^2 \varepsilon_{it} + 3(\beta'_i f_t)^2 \varepsilon_{it}^2 + (\beta'_j f_t + \varepsilon_{jt})\varepsilon_{it}^3]$$

$$= \beta'_i P(\beta_i \otimes \beta_i \otimes \beta_j) + 3E[(\beta'_i f_t)(\beta'_j f_t)\varepsilon_{it}^2]$$

$$= \beta'_i P(\beta_i \otimes \beta_i \otimes \beta_j) + 3\beta'_i S \beta_j E[\varepsilon_{it}^2]$$

类似地,我们可以得到

$$\Psi_{iijj} = E[(\beta'_i f_t + \varepsilon_{it})^2 (\beta'_j f_t + \varepsilon_{jt})^2]$$

$$= E[((\beta'_i f_t)^2 + 2(\beta'_i f_t)\varepsilon_{it} + \varepsilon_{it}^2)((\beta'_j f_t)^2 + 2(\beta'_j f_t)\varepsilon_{jt} + \varepsilon_{jt}^2)]$$

$$= \beta'_i P(\beta_i \otimes \beta_j \otimes \beta_j) + \beta'_i S \beta_i E[\varepsilon_{jt}^2] + \beta'_j S \beta_j E[\varepsilon_{it}^2] + E[\varepsilon_{it}^2]E[\varepsilon_{jt}^2]$$

当 $i \neq j, j \neq k$ 且同时 $i \neq k$ 时,我们有

$$\Psi_{iijk} = E[(\beta'_i f_t + \varepsilon_{it})^2 (\beta'_j f_t + \varepsilon_{jt})(\beta'_k f_t + \varepsilon_{kt})]$$

$$= E[((\beta'_i f_t)^2 + 2(\beta'_i f_t)\varepsilon_{it} + \varepsilon_{it}^2)(\beta'_j f_t + \varepsilon_{jt})(\beta'_k f_t + \varepsilon_{kt})]$$

$$= \beta'_i P(\beta_i \otimes \beta_j \otimes \beta_k) + \beta'_j S \beta_k E[\varepsilon_{it}^2]$$

对于 $i \neq j \neq k \neq l$ 均不相同时,我们有

$$\Psi_{ijkl} = E[(\beta'_i f_t + \varepsilon_{it})(\beta'_j f_t + \varepsilon_{jt})(\beta'_k f_t + \varepsilon_{kt})(\beta'_l f_t + \varepsilon_{lt})]$$

$$= \beta'_i P(\beta_j \otimes \beta_k \otimes \beta_l)$$

由此,式(3-17)和式(3-18)中结果得证。